FINLANDÊS
VOCABULÁRIO

PALAVRAS MAIS ÚTEIS

PORTUGUÊS
FINLANDÊS

Para alargar o seu léxico e apurar
as suas competências linguísticas

5000 palavras

Vocabulário Português-Finlandês - 5000 palavras
Por Andrey Taranov

Os vocabulários da T&P Books destinam-se a ajudar a aprender, a memorizar, e a rever palavras estrangeiras. O dicionário é dividido em temas, cobrindo todas as principais esferas de atividades quotidianas, negócios, ciência, cultura, etc.

O processo de aprendizagem, utilizando os dicionários baseados em temáticas da T&P Books dá-lhe as seguintes vantagens:

- Informação de origem corretamente agrupada predetermina o sucesso em fases subsequentes da memorização de palavras
- Disponibilização de palavras derivadas da mesma raiz, o que permite a memorização de unidades de texto (em vez de palavras separadas)
- Pequenas unidades de palavras facilitam o processo de estabelecimento de vínculos associativos necessários para a consolidação do vocabulário
- O nível de conhecimento da língua pode ser estimado pelo número de palavras aprendidas

Copyright © 2019 T&P Books Publishing

Todos os direitos reservados. Nenhuma parte desta publicação pode ser reproduzida, total ou parcialmente, por quaisquer métodos ou processos, sejam eles eletrónicos, mecânicos, de fotocópia ou outros, sem a autorização escrita do editor. Esta publicação não pode ser divulgada, copiada ou distribuída em nenhum formato.

T&P Books Publishing
www.tpbooks.com

ISBN: 978-1-78400-935-9

Este livro também está disponível em formato E-book.
Por favor visite www.tpbooks.com ou as principais livrarias on-line.

VOCABULÁRIO FINLANDÊS
palavras mais úteis

Os vocabulários da T&P Books destinam-se a ajudar a aprender, a memorizar, e a rever palavras estrangeiras. O vocabulário contém mais de 5000 palavras de uso comum organizadas tematicamente.

O vocabulário contém as palavras mais comummente usadas
Recomendado como adicional para qualquer curso de línguas
Satisfaz as necessidades dos iniciados e dos alunos avançados de línguas estrangeiras
Conveniente para o uso diário, sessões de revisão e atividades de auto-teste
Permite avaliar o seu vocabulário

Características especias do vocabulário

- As palavras estão organizadas de acordo com o seu significado, e não por ordem alfabética
- As palavras são apresentadas em três colunas para facilitar os processos de revisão e auto-teste
- As palavras compostas são divididas em pequenos blocos para facilitar o processo de aprendizagem
- O vocabulário oferece uma transcrição simples e adequada de cada palavra estrangeira

O vocabulário contém 155 tópicos incluindo:

Conceitos básicos, Números, Cores, Meses, Estações do ano, Unidades de medida, Roupas & Acessórios, Alimentos & Nutrição, Restaurante, Membros da Família, Parentes, Caráter, Sentimentos, Emoções, Doenças, Cidade, Passeios, Compras, Dinheiro, Casa, Lar, Escritório, Trabalho no Escritório, Importação & Exportação, Marketing, Pesquisa de Emprego, Desportos, Educação, Computador, Internet, Ferramentas, Natureza, Países, Nacionalidades e muito mais ...

TABELA DE CONTEÚDOS

Guia de pronunciação	9
Abreviaturas	10

CONCEITOS BÁSICOS	11
Conceitos básicos. Parte 1	11

1.	Pronomes	11
2.	Cumprimentos. Saudações. Despedidas	11
3.	Como se dirigir a alguém	12
4.	Números cardinais. Parte 1	12
5.	Números cardinais. Parte 2	13
6.	Números ordinais	14
7.	Números. Frações	14
8.	Números. Operações básicas	14
9.	Números. Diversos	14
10.	Os verbos mais importantes. Parte 1	15
11.	Os verbos mais importantes. Parte 2	16
12.	Os verbos mais importantes. Parte 3	17
13.	Os verbos mais importantes. Parte 4	18
14.	Cores	19
15.	Questões	19
16.	Preposições	20
17.	Palavras funcionais. Advérbios. Parte 1	20
18.	Palavras funcionais. Advérbios. Parte 2	22

Conceitos básicos. Parte 2		24
19.	Dias da semana	24
20.	Horas. Dia e noite	24
21.	Meses. Estações	25
22.	Unidades de medida	27
23.	Recipientes	28

O SER HUMANO		29
O ser humano. O corpo		29
24.	Cabeça	29
25.	Corpo humano	30

Vestuário & Acessórios		31
26.	Roupa exterior. Casacos	31
27.	Vestuário de homem & mulher	31

28. Vestuário. Roupa interior	32
29. Adereços de cabeça	32
30. Calçado	32
31. Acessórios pessoais	33
32. Vestuário. Diversos	33
33. Cuidados pessoais. Cosméticos	34
34. Relógios de pulso. Relógios	35

Alimentação. Nutrição	**36**
35. Comida	36
36. Bebidas	37
37. Vegetais	38
38. Frutos. Nozes	39
39. Pão. Bolaria	40
40. Pratos cozinhados	40
41. Especiarias	41
42. Refeições	42
43. Por a mesa	43
44. Restaurante	43

Família, parentes e amigos	**44**
45. Informação pessoal. Formulários	44
46. Membros da família. Parentes	44

Medicina	**46**
47. Doenças	46
48. Sintomas. Tratamentos. Parte 1	47
49. Sintomas. Tratamentos. Parte 2	48
50. Sintomas. Tratamentos. Parte 3	49
51. Médicos	50
52. Medicina. Drogas. Acessórios	50

HABITAT HUMANO	**52**
Cidade	**52**
53. Cidade. Vida na cidade	52
54. Instituições urbanas	53
55. Sinais	54
56. Transportes urbanos	55
57. Turismo	56
58. Compras	57
59. Dinheiro	58
60. Correios. Serviço postal	59

Moradia. Casa. Lar	**60**
61. Casa. Eletricidade	60

62.	Moradia. Mansão	60
63.	Apartamento	60
64.	Mobiliário. Interior	61
65.	Quarto de dormir	62
66.	Cozinha	62
67.	Casa de banho	63
68.	Eletrodomésticos	64

ATIVIDADES HUMANAS		65
Emprego. Negócios. Parte 1		65
69.	Escritório. O trabalho no escritório	65
70.	Processos negociais. Parte 1	66
71.	Processos negociais. Parte 2	67
72.	Produção. Trabalhos	68
73.	Contrato. Acordo	69
74.	Importação & Exportação	70
75.	Finanças	70
76.	Marketing	71
77.	Publicidade	72
78.	Banca	72
79.	Telefone. Conversação telefónica	73
80.	Telefone móvel	74
81.	Estacionário	74
82.	Tipos de negócios	75

Emprego. Negócios. Parte 2		77
83.	Espetáculo. Feira	77
84.	Ciência. Investigação. Cientistas	78

Profissões e ocupações		80
85.	Procura de emprego. Demissão	80
86.	Gente de negócios	80
87.	Profissões de serviços	81
88.	Profissões militares e postos	82
89.	Oficiais. Padres	83
90.	Profissões agrícolas	83
91.	Profissões artísticas	84
92.	Várias profissões	84
93.	Ocupações. Estatuto social	86

Educação		87
94.	Escola	87
95.	Colégio. Universidade	88
96.	Ciências. Disciplinas	89
97.	Sistema de escrita. Ortografia	89
98.	Línguas estrangeiras	90

| Descanso. Entretenimento. Viagens | 92 |

| 99. Viagens | 92 |
| 100. Hotel | 92 |

EQUIPAMENTO TÉCNICO. TRANSPORTES — 94
Equipamento técnico. Transportes — 94

101. Computador	94
102. Internet. E-mail	95
103. Eletricidade	96
104. Ferramentas	96

Transportes — 99

105. Avião	99
106. Comboio	100
107. Barco	101
108. Aeroporto	102

Eventos — 104

109. Férias. Evento	104
110. Funerais. Enterro	105
111. Guerra. Soldados	105
112. Guerra. Ações militares. Parte 1	106
113. Guerra. Ações militares. Parte 2	108
114. Armas	109
115. Povos da antiguidade	111
116. Idade média	111
117. Líder. Chefe. Autoridades	113
118. Viloação da lei. Criminosos. Parte 1	114
119. Viloação da lei. Criminosos. Parte 2	115
120. Polícia. Lei. Parte 1	116
121. Polícia. Lei. Parte 2	117

NATUREZA — 119
A Terra. Parte 1 — 119

122. Espaço sideral	119
123. A Terra	120
124. Pontos cardeais	121
125. Mar. Oceano	121
126. Nomes de Mares e Oceanos	122
127. Montanhas	123
128. Nomes de montanhas	124
129. Rios	124
130. Nomes de rios	125
131. Floresta	125
132. Recursos naturais	126

A Terra. Parte 2	128
133. Tempo	128
134. Tempo extremo. Catástrofes naturais	129

Fauna	130
135. Mamíferos. Predadores	130
136. Animais selvagens	130
137. Animais domésticos	131
138. Pássaros	132
139. Peixes. Animais marinhos	134
140. Amfíbios. Répteis	134
141. Insetos	135

Flora	136
142. Árvores	136
143. Arbustos	136
144. Frutos. Bagas	137
145. Flores. Plantas	138
146. Cereais, grãos	139

PAÍSES. NACIONALIDADES	140
147. Europa Ocidental	140
148. Europa Central e de Leste	140
149. Países da ex-URSS	141
150. Asia	141
151. América do Norte	142
152. América Central do Sul	142
153. Africa	143
154. Austrália. Oceania	143
155. Cidades	143

GUIA DE PRONUNCIAÇÃO

Alfabeto fonético T&P	Exemplo Finlandês	Exemplo Português
[·]	juomalasi [juoma·lasi]	ponto mediano
[:]	aalto [a:lto]	som de longa duração

Vogais

[a]	hakata [hakata]	chamar
[e]	ensi [ensi]	metal
[i]	musiikki [musi:kki]	sinónimo
[o]	filosofi [filosofi]	lobo
[u]	peruna [peruna]	bonita
[ø]	keittiö [kejttiø]	orgulhoso
[æ]	määrä [mæ:ræ]	semana
[y]	Bryssel [bryssel]	questionar

Consoantes

[b]	banaani [bana:ni]	barril
[d]	odottaa [odotta:]	dentista
[dʒ]	Kambodža [kambodʒa]	adjetivo
[f]	farkut [farkut]	safári
[g]	jooga [jo:ga]	gosto
[j]	suojatie [suojatæ]	géiser
[h]	ohra [ohra]	[h] aspirada
[ĥ]	jauhot [jauĥot]	[h] suave
[k]	nokkia [nokkia]	kiwi
[l]	leveä [leveæ]	libra
[m]	moottori [mo:ttori]	magnólia
[n]	nainen [najnen]	natureza
[ŋ]	ankkuri [aŋkkuri]	alcançar
[p]	pelko [pelko]	presente
[r]	raketti [raketti]	riscar
[s]	sarastus [sarastus]	sanita
[t]	tattari [tattari]	tulipa
[ʋ]	luvata [luʋata]	fava
[ʃ]	šakki [ʃakki]	mês
[tʃ]	Chile [tʃile]	Tchau!
[z]	kazakki [kazakki]	sésamo

ABREVIATURAS
usadas no vocabulário

Abreviaturas do Português

adj	-	adjetivo
adv	-	advérbio
anim.	-	animado
conj.	-	conjunção
desp.	-	desporto
etc.	-	etecetra
ex.	-	por exemplo
f	-	nome feminino
f pl	-	feminino plural
fem.	-	feminino
inanim.	-	inanimado
m	-	nome masculino
m pl	-	masculino plural
m, f	-	masculino, feminino
masc.	-	masculino
mat.	-	matemática
mil.	-	militar
pl	-	plural
prep.	-	preposição
pron.	-	pronome
sb.	-	sobre
sing.	-	singular
v aux	-	verbo auxiliar
vi	-	verbo intransitivo
vi, vt	-	verbo intransitivo, transitivo
vr	-	verbo reflexivo
vt	-	verbo transitivo

CONCEITOS BÁSICOS

Conceitos básicos. Parte 1

1. Pronomes

eu	minä	[minæ]
tu	sinä	[sinæ]
ele	hän	[hæn]
ela	hän	[hæn]
ele, ela (neutro)	se	[se]
nós	me	[me]
vocês	te	[te]
eles, elas	he	[he]

2. Cumprimentos. Saudações. Despedidas

Olá!	Hei!	[hej]
Bom dia! (formal)	Hei!	[hej]
Bom dia! (de manhã)	Hyvää huomenta!	[hyʋæ: huomenta]
Boa tarde!	Hyvää päivää!	[hyʋæ: pæjʋæ:]
Boa noite!	Hyvää iltaa!	[hyʋæ: ilta:]
cumprimentar (vt)	tervehtiä	[terʋehtiæ]
Olá!	Moi!	[moj]
saudação (f)	tervehdys	[terʋehdys]
saudar (vt)	tervehtiä	[terʋehtiæ]
Como vai?	Mitä kuuluu?	[mitæ ku:lu:]
O que há de novo?	Mitä on uutta?	[mitæ on u:tta]
Até à vista!	Näkemiin!	[nækemi:n]
Até breve!	Pikaisiin näkemiin!	[pikajsi:n nækemi:n]
Adeus!	Hyvästi!	[hyʋæsti]
despedir-se (vr)	hyvästellä	[hyʋæstellæ]
Até logo!	Hei hei!	[hej hej]
Obrigado! -a!	Kiitos!	[ki:tos]
Muito obrigado! -a!	Paljon kiitoksia!	[paljon ki:toksia]
De nada	Ole hyvä	[ole hyʋæ]
Não tem de quê	Ei kestä kiittää	[ej kestæ ki:ttæ:]
De nada	Ei kestä	[ej kestæ]
Desculpa! -pe!	Anteeksi!	[ante:ksi]
desculpar (vt)	antaa anteeksi	[anta: ante:ksi]
desculpar-se (vr)	pyytää anteeksi	[py:tæ: ante:ksi]

As minhas desculpas	Pyydän anteeksi	[py:dæn ante:ksi]
Desculpe!	Anteeksi!	[ante:ksi]
perdoar (vt)	antaa anteeksi	[anta: ante:ksi]
por favor	ole hyvä	[ole hyʊæ]

Não se esqueça!	Älkää unohtako!	[ælkæ: unohtako]
Certamente! Claro!	Tietysti!	[tietysti]
Claro que não!	Eipä tietenkään!	[ejpæ tieteŋkæ:n]
Está bem! De acordo!	Olen samaa mieltä!	[olen sama: mieltæ]
Basta!	Riittää!	[ri:ttæ:]

3. Como se dirigir a alguém

senhor	Herra	[herra]
senhora	Rouva	[rouʋa]
rapariga	Neiti	[nejti]
rapaz	Nuori mies	[nuorimies]
menino	Poika	[pojka]
menina	Tyttö	[tyttø]

4. Números cardinais. Parte 1

zero	nolla	[nolla]
um	yksi	[yksi]
dois	kaksi	[kaksi]
três	kolme	[kolme]
quatro	neljä	[neljæ]

cinco	viisi	[ʋi:si]
seis	kuusi	[ku:si]
sete	seitsemän	[sejtsemæn]
oito	kahdeksan	[kahdeksan]
nove	yhdeksän	[yhdeksæn]

dez	kymmenen	[kymmenen]
onze	yksitoista	[yksi·tojsta]
doze	kaksitoista	[kaksi·tojsta]
treze	kolmetoista	[kolme·tojsta]
catorze	neljätoista	[neljæ·tojsta]

quinze	viisitoista	[ʋi:si·tojsta]
dezasseis	kuusitoista	[ku:si·tojsta]
dezassete	seitsemäntoista	[sejtsemæn·tojsta]
dezoito	kahdeksantoista	[kahdeksan·tojsta]
dezanove	yhdeksäntoista	[yhdeksæn·tojsta]

vinte	kaksikymmentä	[kaksi·kymmentæ]
vinte e um	kaksikymmentäyksi	[kaksi·kymmentæ·yksi]
vinte e dois	kaksikymmentäkaksi	[kaksi·kymmentæ·kaksi]
vinte e três	kaksikymmentäkolme	[kaksi·kymmentæ·kolme]
trinta	kolmekymmentä	[kolme·kymmentæ]
trinta e um	kolmekymmentäyksi	[kolme·kymmentæ·yksi]

| trinta e dois | kolmekymmentäkaksi | [kolme·kymmentæ·kaksi] |
| trinta e três | kolmekymmentäkolme | [kolme·kymmentæ·kolme] |

quarenta	neljäkymmentä	[neljæ·kymmentæ]
quarenta e um	neljäkymmentäyksi	[neljæ·kymmentæ·yksi]
quarenta e dois	neljäkymmentäkaksi	[neljæ·kymmentæ·kaksi]
quarenta e três	neljäkymmentäkolme	[neljæ·kymmentæ·kolme]

cinquenta	viisikymmentä	[ʋi:si·kymmentæ]
cinquenta e um	viisikymmentäyksi	[ʋi:si·kymmentæ·yksi]
cinquenta e dois	viisikymmentäkaksi	[ʋi:si·kymmentæ·kaksi]
cinquenta e três	viisikymmentäkolme	[ʋi:si·kymmentæ·kolme]

sessenta	kuusikymmentä	[ku:si·kymmentæ]
sessenta e um	kuusikymmentäyksi	[ku:si·kymmentæ·yksi]
sessenta e dois	kuusikymmentäkaksi	[ku:si·kymmentæ·kaksi]
sessenta e três	kuusikymmentäkolme	[ku:si·kymmentæ·kolme]

setenta	seitsemänkymmentä	[sejtsemæn·kymmentæ]
setenta e um	seitsemänkymmentäyksi	[sejtsemæn·kymmentæ·yksi]
setenta e dois	seitsemänkymmentäkaksi	[sejtsemæn·kymmentæ·kaksi]
setenta e três	seitsemänkymmentäkolme	[sejtsemæn·kymmentæ·kolme]

oitenta	kahdeksankymmentä	[kahdeksan·kymmentæ]
oitenta e um	kahdeksankymmentäyksi	[kahdeksan·kymmentæ·yksi]
oitenta e dois	kahdeksankymmentäkaksi	[kahdeksan·kymmentæ·kaksi]
oitenta e três	kahdeksankymmentäkolme	[kahdeksan·kymmentæ·kolme]

noventa	yhdeksänkymmentä	[yhdeksæn·kymmentæ]
noventa e um	yhdeksänkymmentäyksi	[yhdeksæn·kymmentæ·yksi]
noventa e dois	yhdeksänkymmentäkaksi	[yhdeksæn·kymmentæ·kaksi]
noventa e três	yhdeksänkymmentäkolme	[yhdeksæn·kymmentæ·kolme]

5. Números cardinais. Parte 2

cem	sata	[sata]
duzentos	kaksisataa	[kaksi·sata:]
trezentos	kolmesataa	[kolme·sata:]
quatrocentos	neljäsataa	[neljæ·sata:]
quinhentos	viisisataa	[ʋi:si·sata:]
seiscentos	kuusisataa	[ku:si·sata:]
setecentos	seitsemänsataa	[sejtsemæn·sata:]
oitocentos	kahdeksansataa	[kahdeksan·sata:]
novecentos	yhdeksänsataa	[yhdeksæn·sata:]

mil	tuhat	[tuhat]
dois mil	kaksituhatta	[kaksi·tuhatta]
De quem são ...?	kolmetuhatta	[kolme·tuhatta]
dez mil	kymmenentuhatta	[kymmenen·tuhatta]

cem mil	satatuhatta	[sata·tuhatta]
um milhão	miljoona	[miljo:na]
mil milhões	miljardi	[miljardi]

6. Números ordinais

primeiro	ensimmäinen	[ensimmæjnen]
segundo	toinen	[tojnen]
terceiro	kolmas	[kolmas]
quarto	neljäs	[neljæs]
quinto	viides	[ʋi:des]
sexto	kuudes	[ku:des]
sétimo	seitsemäs	[sejtsemæs]
oitavo	kahdeksas	[kahdeksas]
nono	yhdeksäs	[yhdeksæs]
décimo	kymmenes	[kymmenes]

7. Números. Frações

fração (f)	murtoluku	[murto·luku]
um meio	puolet	[puolet]
um terço	kolmasosa	[kolmasosa]
um quarto	neljäsosa	[neljæsosa]
um oitavo	kahdeksasosa	[kahdeksasosa]
um décimo	kymmenesosa	[kymmenesosa]
dois terços	kaksi kolmasosaa	[kaksi kolmasosa:]
três quartos	kolme neljäsosaa	[kolme neljæsosa:]

8. Números. Operações básicas

subtração (f)	vähennyslasku	[ʋæhennys·lasku]
subtrair (vi, vt)	vähentää	[ʋæhentæ:]
divisão (f)	jako	[jako]
dividir (vt)	jakaa	[jaka:]
adição (f)	yhteenlasku	[yhte:n·lasku]
somar (vt)	laskea yhteen	[laskea yhte:n]
adicionar (vt)	lisätä	[lisætæ]
multiplicação (f)	kertolasku	[kerto·lasku]
multiplicar (vt)	kertoa	[kertoa]

9. Números. Diversos

algarismo, dígito (m)	numero	[numero]
número (m)	luku	[luku]
numeral (m)	lukusana	[luku·sana]

menos (m)	miinus	[mi:nus]
mais (m)	plusmerkki	[plus·merkki]
fórmula (f)	kaava	[kɑ:ʋɑ]
cálculo (m)	laskenta	[lɑskentɑ]
contar (vt)	laskea	[lɑskeɑ]
calcular (vt)	laskea	[lɑskeɑ]
comparar (vt)	verrata	[ʋerrɑtɑ]
Quanto?	Kuinka paljon?	[kujŋkɑ pɑljon]
Quantos? -as?	Kuinka monta?	[kuiŋkɑ montɑ]
soma (f)	summa	[summɑ]
resultado (m)	tulos	[tulos]
resto (m)	jäännös	[jæ:nnøs]
alguns, algumas ...	muutama	[mu:tɑmɑ]
um pouco de ...	vähän	[ʋæɦæn]
poucos, -as (~ pessoas)	vähän	[ʋæɦæn]
um pouco (~ de vinho)	vähän	[ʋæɦæn]
resto (m)	loput	[loput]
um e meio	puolitoista	[puoli·tojstɑ]
dúzia (f)	tusina	[tusinɑ]
ao meio	kahtia	[kɑhtiɑ]
em partes iguais	tasan	[tɑsɑn]
metade (f)	puoli	[puoli]
vez (f)	kerta	[kertɑ]

10. Os verbos mais importantes. Parte 1

abrir (vt)	avata	[ɑʋɑtɑ]
acabar, terminar (vt)	lopettaa	[lopettɑ:]
aconselhar (vt)	neuvoa	[neuʋoɑ]
adivinhar (vt)	arvata	[ɑrʋɑtɑ]
advertir (vt)	varoittaa	[ʋɑrojttɑ:]
ajudar (vt)	auttaa	[ɑuttɑ:]
almoçar (vi)	syödä lounasta	[syødæ lounɑstɑ]
alugar (~ um apartamento)	vuokrata	[ʋuokrɑtɑ]
amar (vt)	rakastaa	[rɑkɑstɑ:]
ameaçar (vt)	uhata	[uɦɑtɑ]
anotar (escrever)	kirjoittaa muistiin	[kirjoittɑ: mujsti:n]
apanhar (vt)	ottaa kiinni	[ottɑ: ki:nni]
apressar-se (vr)	pitää kiirettä	[pitæ: ki:rettæ]
arrepender-se (vr)	katua	[kɑtuɑ]
assinar (vt)	allekirjoittaa	[ɑllekirjoittɑ:]
atirar, disparar (vi)	ampua	[ɑmpuɑ]
brincar (vi)	vitsailla	[ʋitsɑjllɑ]
brincar, jogar (crianças)	leikkiä	[lejkkiæ]
buscar (vt)	etsiä	[etsiæ]
caçar (vi)	metsästää	[metsæstæ:]

cair (vi)	kaatua	[kɑ:tuɑ]
cavar (vt)	kaivaa	[kajʋɑ:]
cessar (vt)	lakata	[lɑkatɑ]
chamar (~ por socorro)	kutsua	[kutsuɑ]
chegar (vi)	saapua	[sɑ:puɑ]
chorar (vi)	itkeä	[itkeæ]
começar (vt)	alkaa	[ɑlkɑ:]
comparar (vt)	verrata	[ʋerrɑtɑ]
compreender (vt)	ymmärtää	[ymmæertæ:]
concordar (vi)	suostua	[suostuɑ]
confiar (vt)	luottaa	[luottɑ:]
confundir (equivocar-se)	sekoittaa	[sekojttɑ:]
conhecer (vt)	tuntea	[tunteɑ]
contar (fazer contas)	laskea	[lɑskeɑ]
contar com (esperar)	luottaa	[luottɑ:]
continuar (vt)	jatkaa	[jɑtkɑ:]
controlar (vt)	tarkastaa	[tɑrkɑstɑ:]
convidar (vt)	kutsua	[kutsuɑ]
correr (vi)	juosta	[juostɑ]
criar (vt)	luoda	[luodɑ]
custar (vt)	maksaa	[mɑksɑ:]

11. Os verbos mais importantes. Parte 2

dar (vt)	antaa	[ɑntɑ:]
dar uma dica	vihjata	[ʋihjɑtɑ]
decorar (enfeitar)	koristaa	[koristɑ:]
defender (vt)	puolustaa	[puolustɑ:]
deixar cair (vt)	pudottaa	[pudottɑ:]
descer (para baixo)	laskeutua	[lɑskeutuɑ]
desculpar (vt)	antaa anteeksi	[ɑntɑ: ɑnte:ksi]
desculpar-se (vr)	pyytää anteeksi	[py:tæ: ɑnte:ksi]
dirigir (~ uma empresa)	johtaa	[johtɑ:]
discutir (notícias, etc.)	käsitellä	[kæsitellæ]
dizer (vt)	sanoa	[sɑnoɑ]
duvidar (vt)	epäillä	[epæjllæ]
encontrar (achar)	löytää	[løytæ:]
enganar (vt)	pettää	[pettæ:]
entrar (na sala, etc.)	tulla sisään	[tullɑ sisæ:n]
enviar (uma carta)	lähettää	[læɦettæ:]
errar (equivocar-se)	erehtyä	[erehtyæ]
escolher (vt)	valita	[ʋɑlitɑ]
esconder (vt)	piilotella	[pi:lotellɑ]
escrever (vt)	kirjoittaa	[kirjoittɑ:]
esperar (o autocarro, etc.)	odottaa	[odottɑ:]
esperar (ter esperança)	toivoa	[tojʋoɑ]
esquecer (vt)	unohtaa	[unohtɑ:]

estudar (vt)	oppia	[oppia]
exigir (vt)	vaatia	[ʋɑ:tiɑ]
existir (vi)	olla olemassa	[olla olemassa]

explicar (vt)	selittää	[selittæ:]
falar (vi)	keskustella	[keskustella]
faltar (clases, etc.)	olla poissa	[olla pojssa]
fazer (vt)	tehdä	[tehdæ]
ficar em silêncio	olla vaiti	[olla ʋɑjti]
gabar-se, jactar-se (vr)	kerskua	[kerskua]

gritar (vi)	huutaa	[hu:tɑ:]
guardar (cartas, etc.)	pitää, säilyttää	[pitæ:], [sæjlyttæ:]
informar (vt)	tiedottaa	[tiedotta:]
insistir (vi)	vaatia	[ʋɑ:tiɑ]

insultar (vt)	loukata	[loukɑtɑ]
interessar-se (vr)	kiinnostua	[ki:nnostua]
ir (a pé)	mennä	[mennæ]
ir nadar	uida	[ujdɑ]
jantar (vi)	illastaa	[illɑstɑ:]

12. Os verbos mais importantes. Parte 3

ler (vt)	lukea	[lukea]
libertar (cidade, etc.)	vapauttaa	[ʋɑpɑutta:]
matar (vt)	murhata	[murhata]
mencionar (vt)	mainita	[majnita]
mostrar (vt)	näyttää	[næyttæ:]

mudar (modificar)	muuttaa	[mu:tta:]
nadar (vi)	uida	[ujdɑ]
negar-se a ...	kieltäytyä	[kæltæytyæ]
objetar (vt)	vastustaa	[ʋɑstustɑ:]

observar (vt)	tarkkailla	[tarkkajlla]
ordenar (mil.)	käskeä	[kæskeæ]
ouvir (vt)	kuulla	[ku:lla]
pagar (vt)	maksaa	[maksɑ:]
parar (vi)	pysähtyä	[pysæhtyæ]

participar (vi)	osallistua	[osallistua]
pedir (comida)	tilata	[tilata]
pedir (um favor, etc.)	pyytää	[py:tæ:]
pegar (tomar)	ottaa	[otta:]
pensar (vt)	ajatella	[ajatella]

perceber (ver)	huomata	[huomata]
perdoar (vt)	antaa anteeksi	[anta: ante:ksi]
perguntar (vt)	kysyä	[kysyæ]
permitir (vt)	antaa lupa	[anta: lupa]
pertencer a ...	kuulua	[ku:lua]
planear (vt)	suunnitella	[su:nnitella]
poder (vi)	voida	[ʋojdɑ]

possuir (vt)	omistaa	[omista:]
preferir (vt)	pitää enemmän	[pitæ: enemmæn]
preparar (vt)	laittaa	[lajtta:]

prever (vt)	odottaa	[odotta:]
prometer (vt)	luvata	[luʋata]
pronunciar (vt)	lausua	[lausua]
propor (vt)	ehdottaa	[ehdotta:]
punir (castigar)	rangaista	[raŋajsta]

13. Os verbos mais importantes. Parte 4

quebrar (vt)	rikkoa	[rikkoa]
queixar-se (vr)	valittaa	[ʋalitta:]
querer (desejar)	haluta	[haluta]
recomendar (vt)	suositella	[suositella]
repetir (dizer outra vez)	toistaa	[tojsta:]

repreender (vt)	haukkua	[haukkua]
reservar (~ um quarto)	varata	[ʋarata]
responder (vt)	vastata	[ʋastata]
rezar, orar (vi)	rukoilla	[rukojlla]
rir (vi)	nauraa	[naura:]

roubar (vt)	varastaa	[ʋarasta:]
saber (vt)	tietää	[tietæ:]
sair (~ de casa)	mennä, tulla ulos	[mennæ], [tulla ulos]
salvar (vt)	pelastaa	[pelasta:]
seguir ...	seurata	[seurata]

sentar-se (vr)	istua, istuutua	[istua], [istu:tua]
ser necessário	tarvita	[tarʋita]
ser, estar	olla	[olla]
significar (vt)	tarkoittaa, merkitä	[tarkojtta:], [merkitæ]

sorrir (vi)	hymyillä	[hymyjllæ]
surpreender-se (vr)	ihmetellä	[ihmetellæ]
tentar (vt)	koettaa	[koetta:]

ter (vt)	omistaa	[omista:]
ter fome	minulla on nälkä	[minulla on nælkæ]
ter medo	pelätä	[pelætæ]
ter sede	minulla on jano	[minulla on jano]

tocar (com as mãos)	koskettaa	[kosketta:]
tomar o pequeno-almoço	syödä aamiaista	[syødæ a:miajsta]
trabalhar (vi)	työskennellä	[tyøskennellæ]
traduzir (vt)	kääntää	[kæ:ntæ:]
unir (vt)	yhdistää	[yhdistæ:]

vender (vt)	myydä	[my:dæ]
ver (vt)	nähdä	[næhdæ]
virar (ex. ~ à direita)	kääntää	[kæ:ntæ:]
voar (vi)	lentää	[lentæ:]

14. Cores

cor (f)	väri	[ʋæri]
matiz (m)	sävy, värisävy	[sæʋy], [ʋæri·sæʋy]
tom (m)	värisävy	[ʋæri·sæʋy]
arco-íris (m)	sateenkaari	[sateːn·kɑːri]
branco	valkoinen	[ʋalkojnen]
preto	musta	[musta]
cinzento	harmaa	[harmɑː]
verde	vihreä	[ʋihreæ]
amarelo	keltainen	[keltajnen]
vermelho	punainen	[punajnen]
azul	sininen	[sininen]
azul claro	vaaleansininen	[ʋɑːlean·sininen]
rosa	vaaleanpunainen	[ʋɑːlean·punajnen]
laranja	oranssi	[oranssi]
violeta	violetti	[ʋioletti]
castanho	ruskea	[ruskea]
dourado	kultainen	[kultajnen]
prateado	hopeinen	[hopejnen]
bege	beige	[bejge]
creme	kermanvärinen	[kerman·ʋærinen]
turquesa	turkoosi	[turkoːsi]
vermelho cereja	kirsikanpunainen	[kirsikan·punajnen]
lilás	sinipunainen	[sini·punajnen]
carmesim	karmiininpunainen	[karmiːnen·punajnen]
claro	vaalea	[ʋɑːlea]
escuro	tumma	[tumma]
vivo	kirkas	[kirkas]
de cor	väri-	[ʋæri]
a cores	väri-	[ʋæri]
preto e branco	mustavalkoinen	[musta·ʋalkojnen]
unicolor	yksivärinen	[yksi·ʋærinen]
multicor	erivärinen	[eriʋærinen]

15. Questões

Quem?	Kuka?	[kuka]
Que?	Mikä?	[mikæ]
Onde?	Missä?	[missæ]
Para onde?	Mihin?	[mihin]
De onde?	Mistä?	[mistæ]
Quando?	Milloin?	[millojn]
Para quê?	Mitä varten?	[mitæ ʋarten]
Porquê?	Miksi?	[miksi]
Para quê?	Minkä vuoksi?	[miŋkæ ʋuoksi]

Como?	Miten?	[miten]
Qual?	Millainen?	[millajnen]
Qual? (entre dois ou mais)	Mikä?	[mikæ]
A quem?	Kenelle?	[kenelle]
Sobre quem?	Kenestä?	[kenestæ]
Do quê?	Mistä?	[mistæ]
Com quem?	Kenen kanssa?	[kenen kanssa]
Quantos? -as?	Kuinka monta?	[kuiŋka monta]
Quanto?	Kuinka paljon?	[kujŋka paljon]
De quem? (masc.)	Kenen?	[kenen]

16. Preposições

com (prep.)	kanssa	[kanssa]
sem (prep.)	ilman	[ilman]
a, para (exprime lugar)	... ssa, ... ssä	[ssa], [ssæ]
sobre (ex. falar ~)	... sta, ... stä	[sta], [stæ]
antes de ...	ennen	[ennen]
diante de ...	edessä	[edessæ]
sob (debaixo de)	alla	[alla]
sobre (em cima de)	yllä	[yllæ]
sobre (~ a mesa)	päällä	[pæ:llæ]
de (vir ~ Lisboa)	... sta, ... stä	[sta], [stæ]
de (feito ~ pedra)	... sta, ... stä	[sta], [stæ]
dentro de (~ dez minutos)	päästä	[pæ:stæ]
por cima de ...	yli	[yli]

17. Palavras funcionais. Advérbios. Parte 1

Onde?	Missä?	[missæ]
aqui	täällä	[tæ:llæ]
lá, ali	siellä	[siellæ]
em algum lugar	jossain	[jossajn]
em lugar nenhum	ei missään	[ej missæ:n]
ao pé de ...	luona	[luona]
ao pé da janela	ikkunan vieressä	[ikkunan ʋæressæ]
Para onde?	Mihin?	[miɦin]
para cá	tänne	[tænne]
para lá	tuonne	[tuonne]
daqui	täältä	[tæ:ltæ]
de lá, dali	sieltä	[sieltæ]
perto	lähellä	[læɦellæ]
longe	kaukana	[kaukana]
perto de ...	luona	[luona]

ao lado de	vieressä	[vieressæ]
perto, não fica longe	lähelle	[læhelle]
esquerdo	vasen	[vasen]
à esquerda	vasemmalla	[vasemmalla]
para esquerda	vasemmalle	[vasemmalle]
direito	oikea	[ojkea]
à direita	oikealla	[ojkealla]
para direita	oikealle	[ojkealle]
à frente	edessä	[edessæ]
da frente	etumainen	[etumajnen]
em frente (para a frente)	eteenpäin	[ete:npæjn]
atrás de ...	takana	[takana]
por detrás (vir ~)	takaa	[taka:]
para trás	takaisin	[takajsin]
meio (m), metade (f)	keskikohta	[keski·kohta]
no meio	keskellä	[keskellæ]
de lado	sivulta	[sivulta]
em todo lugar	kaikkialla	[kajkkialla]
ao redor (olhar ~)	ympärillä	[ympærillæ]
de dentro	sisäpuolelta	[sisæ·puolelta]
para algum lugar	jonnekin	[jonnekin]
diretamente	suoraan	[suora:n]
de volta	takaisin	[takajsin]
de algum lugar	jostakin	[jostakin]
de um lugar	jostakin	[jostakin]
em primeiro lugar	ensiksi	[ensiksi]
em segundo lugar	toiseksi	[tojseksi]
em terceiro lugar	kolmanneksi	[kolmanneksi]
de repente	äkkiä	[ækkiæ]
no início	alussa	[alussa]
pela primeira vez	ensi kerran	[ensi kerran]
muito antes de ...	kauan ennen kuin	[kauan ennen kuin]
de novo, novamente	uudestaan	[u:desta:n]
para sempre	pysyvästi	[pysyvæsti]
nunca	ei koskaan	[ej koska:n]
de novo	taas	[ta:s]
agora	nyt	[nyt]
frequentemente	usein	[usejn]
então	silloin	[sillojn]
urgentemente	kiireellisesti	[ki:re:llisesti]
usualmente	tavallisesti	[tavallisesti]
a propósito, ...	muuten	[mu:ten]
é possível	ehkä	[ehkæ]
provavelmente	todennäköisesti	[toden·nækøjsesti]

talvez	ehkä	[ehkæ]
além disso, ...	sitä paitsi, ...	[sitæ pajtsi]
por isso ...	siksi	[siksi]
apesar de ...	huolimatta	[huolimatta]
graças a ...	avulla	[auulla]
que (pron.)	mikä	[mikæ]
que (conj.)	että	[ettæ]
algo	jokin	[jokin]
alguma coisa	jotakin	[jotakin]
nada	ei mitään	[ej mitæ:n]
quem	kuka	[kuka]
alguém (~ teve uma ideia ...)	joku	[joku]
alguém	joku	[joku]
ninguém	ei kukaan	[ej kuka:n]
para lugar nenhum	ei mihinkään	[ej miɦiŋkæ:n]
de ninguém	ei kenenkään	[ej keneŋkæ:n]
de alguém	jonkun	[joŋkun]
tão	niin	[ni:n]
também (gostaria ~ de ...)	myös	[myøs]
também (~ eu)	myös	[myøs]

18. Palavras funcionais. Advérbios. Parte 2

Porquê?	Miksi?	[miksi]
por alguma razão	jostain syystä	[jostajn sy:stæ]
porque ...	koska	[koska]
por qualquer razão	jonkin vuoksi	[joŋkin uuoksi]
e (tu ~ eu)	ja	[ja]
ou (ser ~ não ser)	tai	[taj]
mas (porém)	mutta	[mutta]
para (~ a minha mãe)	varten	[uarten]
demasiado, muito	liian	[li:an]
só, somente	vain	[uajn]
exatamente	tarkasti	[tarkasti]
cerca de (~ 10 kg)	noin	[nojn]
aproximadamente	likimäärin	[likimæ:rin]
aproximado	likimääräinen	[likimæ:ræjnen]
quase	melkein	[melkejn]
resto (m)	loput	[loput]
cada	joka	[joka]
qualquer	jokainen	[jokajnen]
muito	paljon	[paljon]
muitas pessoas	monet	[monet]
todos	kaikki	[kajkki]
em troca de ...	sen vastineeksi	[sen uastine:ksi]
em troca	sijaan	[sija:n]

à mão	käsin	[kæsin]
pouco provável	tuskin	[tuskin]
provavelmente	varmaan	[ʋɑrmɑ:n]
de propósito	tahallaan	[tɑɦɑllɑ:n]
por acidente	sattumalta	[sɑttumɑltɑ]
muito	erittäin	[erittæjn]
por exemplo	esimerkiksi	[esimerkiksi]
entre	välillä	[ʋælillæ]
entre (no meio de)	keskuudessa	[kesku:dessɑ]
tanto	niin monta, niin paljon	[ni:n montɑ], [ni:n pɑljon]
especialmente	erikoisesti	[erikojsesti]

Conceitos básicos. Parte 2

19. Dias da semana

segunda-feira (f)	maanantai	[mɑ:nɑntɑj]
terça-feira (f)	tiistai	[ti:stɑj]
quarta-feira (f)	keskiviikko	[keskiʋi:kko]
quinta-feira (f)	torstai	[torstɑj]
sexta-feira (f)	perjantai	[perjɑntɑj]
sábado (m)	lauantai	[lɑuɑntɑj]
domingo (m)	sunnuntai	[sunnuntɑj]
hoje	tänään	[tænæ:n]
amanhã	huomenna	[huomennɑ]
depois de amanhã	ylihuomenna	[yliɦuomennɑ]
ontem	eilen	[ejlen]
anteontem	toissa päivänä	[tojssɑ pæjʋænæ]
dia (m)	päivä	[pæjʋæ]
dia (m) de trabalho	työpäivä	[tyø·pæjʋæ]
feriado (m)	juhlapäivä	[juhlɑ·pæjʋæ]
dia (m) de folga	vapaapäivä	[ʋɑpɑ:pæjʋæ]
fim (m) de semana	viikonloppu	[ʋi:kon·loppu]
o dia todo	koko päivän	[koko pæjʋæn]
no dia seguinte	ensi päivänä	[ensi pæjʋænæ]
há dois dias	kaksi päivää sitten	[kɑksi pæjʋæ: sitten]
na véspera	aattona	[ɑ:ttonɑ]
diário	päivittäinen	[pæjʋittæjnen]
todos os dias	joka päivä	[jokɑ pæjʋæ]
semana (f)	viikko	[ʋi:kko]
na semana passada	viime viikolla	[ʋi:me ʋi:kollɑ]
na próxima semana	ensi viikolla	[ensi ʋi:kollɑ]
semanal	viikoittainen	[ʋi:kojttɑjnen]
cada semana	joka viikko	[jokɑ ʋi:kko]
duas vezes por semana	kaksi kertaa viikossa	[kɑksi kertɑ: ʋi:kossɑ]
cada terça-feira	joka tiistai	[jokɑ ti:stɑj]

20. Horas. Dia e noite

manhã (f)	aamu	[ɑ:mu]
de manhã	aamulla	[ɑ:mullɑ]
meio-dia (m)	puolipäivä	[puoli·pæjʋæ]
à tarde	iltapäivällä	[iltɑ·pæjʋællæ]
noite (f)	ilta	[iltɑ]
à noite (noitinha)	illalla	[illɑllɑ]

noite (f)	yö	[yø]
à noite	yöllä	[yøllæ]
meia-noite (f)	puoliyö	[puoli·yø]
segundo (m)	sekunti	[sekunti]
minuto (m)	minuutti	[minu:tti]
hora (f)	tunti	[tunti]
meia hora (f)	puoli tuntia	[puoli tuntia]
quarto (m) de hora	vartti	[ʋartti]
quinze minutos	viisitoista minuuttia	[ʋi:si·tojsta minu:ttia]
vinte e quatro horas	vuorokausi	[ʋuoro·kausi]
nascer (m) do sol	auringonnousu	[auriŋon·nousu]
amanhecer (m)	sarastus	[sarastus]
madrugada (f)	varhainen aamu	[ʋarhajnen a:mu]
pôr do sol (m)	auringonlasku	[auriŋon·lasku]
de madrugada	aamulla aikaisin	[a:mulla ajkajsin]
hoje de manhã	tänä aamuna	[tænæ a:muna]
amanhã de manhã	ensi aamuna	[ensi a:muna]
hoje à tarde	tänä päivänä	[tænæ pæjʋænæ]
à tarde	iltapäivällä	[ilta·pæjʋællæ]
amanhã à tarde	huomisiltapäivällä	[huomis·ilta·pæjʋællæ]
hoje à noite	tänä iltana	[tænæ iltana]
amanhã à noite	ensi iltana	[ensi iltana]
às três horas em ponto	tasan kolmelta	[tasan kolmelta]
por volta das quatro	noin neljältä	[nojn neljæltæ]
às doze	kahdentoista mennessä	[kahdentojsta menessæ]
dentro de vinte minutos	kahdenkymmenen minuutin kuluttua	[kahdeŋkymmenen minu:tin kuluttua]
dentro duma hora	tunnin kuluttua	[tunnin kuluttua]
a tempo	ajoissa	[ajoissa]
menos um quarto	varttia vaille	[ʋarttia ʋajlle]
durante uma hora	tunnin kuluessa	[tunnin kuluessa]
a cada quinze minutos	viidentoista minuutin välein	[ʋi:den·tojsta minu:tin ʋælejn]
as vinte e quatro horas	ympäri vuorokauden	[ympæri ʋuoro kauden]

21. Meses. Estações

janeiro (m)	tammikuu	[tammiku:]
fevereiro (m)	helmikuu	[helmiku:]
março (m)	maaliskuu	[ma:lisku:]
abril (m)	huhtikuu	[huhtiku:]
maio (m)	toukokuu	[toukoku:]
junho (m)	kesäkuu	[kesæku:]
julho (m)	heinäkuu	[hejnæku:]
agosto (m)	elokuu	[eloku:]

setembro (m)	syyskuu	[syːskuː]
outubro (m)	lokakuu	[lokakuː]
novembro (m)	marraskuu	[marraskuː]
dezembro (m)	joulukuu	[joulukuː]
primavera (f)	kevät	[keʋæt]
na primavera	keväällä	[keʋæːllæ]
primaveril	keväinen	[keʋæjnen]
verão (m)	kesä	[kesæ]
no verão	kesällä	[kesællæ]
de verão	kesäinen	[kesæjnen]
outono (m)	syksy	[syksy]
no outono	syksyllä	[syksyllæ]
outonal	syksyinen	[syksyjnen]
inverno (m)	talvi	[talʋi]
no inverno	talvella	[talʋella]
de inverno	talvinen	[talʋinen]
mês (m)	kuukausi	[kuːkausi]
este mês	tässä kuussa	[tæssæ kuːssa]
no próximo mês	ensi kuussa	[ensi kuːssa]
no mês passado	viime kuussa	[ʋiːme kuːssa]
há um mês	kuukausi sitten	[kuːkausi sitten]
dentro de um mês	kuukauden kuluttua	[kuːkauden kuluttua]
dentro de dois meses	kahden kuukauden kuluttua	[kahden kuːkauden kuluttua]
todo o mês	koko kuukauden	[koko kuːkauden]
um mês inteiro	koko kuukauden	[koko kuːkauden]
mensal	kuukautinen	[kuːkautinen]
mensalmente	kuukausittain	[kuːkausittajn]
cada mês	joka kuukausi	[joka kuːkausi]
duas vezes por mês	kaksi kertaa kuukaudessa	[kaksi kertaː kuːkaudessa]
ano (m)	vuosi	[ʋuosi]
este ano	tänä vuonna	[tænæ ʋuonna]
no próximo ano	ensi vuonna	[ensi ʋuonna]
no ano passado	viime vuonna	[ʋiːme ʋuonna]
há um ano	vuosi sitten	[ʋuosi sitten]
dentro dum ano	vuoden kuluttua	[ʋuoden kuluttua]
dentro de 2 anos	kahden vuoden kuluttua	[kahden ʋuoden kuluttua]
todo o ano	koko vuoden	[koko ʋuoden]
um ano inteiro	koko vuoden	[koko ʋuoden]
cada ano	joka vuosi	[joka ʋuosi]
anual	vuosittainen	[ʋuosittajnen]
anualmente	vuosittain	[ʋuosittajn]
quatro vezes por ano	neljä kertaa vuodessa	[neljæ kertaː ʋuodessa]
data (~ de hoje)	päivämäärä	[pæjʋæ·mæːræ]
data (ex. ~ de nascimento)	päivämäärä	[pæjʋæ·mæːræ]

calendário (m)	kalenteri	[kalenteri]
meio ano	puoli vuotta	[puoli ʋuotta]
seis meses	vuosipuolisko	[ʋuosi·puolisko]
estação (f)	vuodenaika	[ʋuoden·ajka]
século (m)	vuosisata	[ʋuosi·sata]

22. Unidades de medida

peso (m)	paino	[pajno]
comprimento (m)	pituus	[pitu:s]
largura (f)	leveys	[leʋeys]
altura (f)	korkeus	[korkeus]
profundidade (f)	syvyys	[syʋy:s]
volume (m)	tilavuus	[tilaʋu:s]
área (f)	pinta-ala	[pinta·ala]

grama (m)	gramma	[gramma]
miligrama (m)	milligramma	[milligramma]
quilograma (m)	kilo	[kilo]
tonelada (f)	tonni	[tonni]
libra (453,6 gramas)	pauna, naula	[pauna], [naula]
onça (f)	unssi	[unssi]

metro (m)	metri	[metri]
milímetro (m)	millimetri	[millimetri]
centímetro (m)	senttimetri	[senttimetri]
quilómetro (m)	kilometri	[kilometri]
milha (f)	peninkulma	[penin·kulma]

polegada (f)	tuuma	[tu:ma]
pé (304,74 mm)	jalka	[jalka]
jarda (914,383 mm)	jaardi	[ja:rdi]

| metro (m) quadrado | neliömetri | [neliø·metri] |
| hectare (m) | hehtaari | [hehta:ri] |

litro (m)	litra	[litra]
grau (m)	aste	[aste]
volt (m)	voltti	[ʋoltti]
ampere (m)	ampeeri	[ampe:ri]
cavalo-vapor (m)	hevosvoima	[heʋos·ʋojma]

quantidade (f)	määrä	[mæ:ræ]
um pouco de …	vähän	[ʋæɦæn]
metade (f)	puoli	[puoli]
dúzia (f)	tusina	[tusina]
peça (f)	kappale	[kappale]

| dimensão (f) | koko | [koko] |
| escala (f) | mittakaava | [mitta·ka:ʋa] |

mínimo	minimaalinen	[minima:linen]
menor, mais pequeno	pienin	[pienin]
médio	keskikokoinen	[keskikokojnen]

| máximo | maksimaalinen | [maksimɑːlinen] |
| maior, mais grande | suurin | [suːrin] |

23. Recipientes

boião (m) de vidro	lasitölkki	[lɑsi·tølkki]
lata (~ de cerveja)	purkki	[purkki]
balde (m)	sanko	[sɑŋko]
barril (m)	tynnyri	[tynnyri]

bacia (~ de plástico)	pesuvati	[pesu·ʋɑti]
tanque (m)	säiliö	[sæjliø]
cantil (m) de bolso	kenttäpullo	[kenttæ·pullo]
bidão (m) de gasolina	jerrykannu	[jerry·kɑnnu]
cisterna (f)	säiliö	[sæjliø]

caneca (f)	muki	[muki]
chávena (f)	kuppi	[kuppi]
pires (m)	teevati	[teːʋɑti]
copo (m)	juomalasi	[juomɑ·lɑsi]
taça (f) de vinho	viinilasi	[ʋiːni·lɑsi]
panela, caçarola (f)	kasari, kattila	[kɑsɑri], [kɑttilɑ]

| garrafa (f) | pullo | [pullo] |
| gargalo (m) | pullonkaula | [pulloŋ·kɑulɑ] |

jarro, garrafa (f)	karahvi	[kɑrɑhʋi]
jarro (m) de barro	kannu	[kɑnnu]
recipiente (m)	astia	[ɑstiɑ]
pote (m)	ruukku	[ruːkku]
vaso (m)	vaasi, maljakko	[ʋɑːsi], [mɑljɑkko]

frasco (~ de perfume)	pullo	[pullo]
frasquinho (ex. ~ de iodo)	pieni pullo	[pjeni pullo]
tubo (~ de pasta dentífrica)	tuubi	[tuːbi]

saca (ex. ~ de açúcar)	säkki	[sækki]
saco (~ de plástico)	säkki, pussi	[sækki], [pussi]
maço (m)	aski	[ɑski]

caixa (~ de sapatos, etc.)	laatikko	[lɑːtikko]
caixa (~ de madeira)	laatikko	[lɑːtikko]
cesta (f)	kori	[kori]

O SER HUMANO

O ser humano. O corpo

24. Cabeça

cabeça (f)	pää	[pæ:]
cara (f)	kasvot	[kɑsʋot]
nariz (m)	nenä	[nenæ]
boca (f)	suu	[su:]
olho (m)	silmä	[silmæ]
olhos (m pl)	silmät	[silmæt]
pupila (f)	silmäterä	[silmæ·teræ]
sobrancelha (f)	kulmakarva	[kulmɑ·kɑrʋɑ]
pestana (f)	ripsi	[ripsi]
pálpebra (f)	silmäluomi	[silmæ·luomi]
língua (f)	kieli	[kieli]
dente (m)	hammas	[hɑmmɑs]
lábios (m pl)	huulet	[hu:let]
maçãs (f pl) do rosto	poskipäät	[poski·pæ:t]
gengiva (f)	ien	[ien]
palato (m)	kitalaki	[kitɑlɑki]
narinas (f pl)	sieraimet	[sierɑjmet]
queixo (m)	leuka	[leukɑ]
mandíbula (f)	leukaluu	[leukɑ·lu:]
bochecha (f)	poski	[poski]
testa (f)	otsa	[otsɑ]
têmpora (f)	ohimo	[oɦimo]
orelha (f)	korva	[korʋɑ]
nuca (f)	niska	[niskɑ]
pescoço (m)	kaula	[kaulɑ]
garganta (f)	kurkku	[kurkku]
cabelos (m pl)	hiukset	[hiukset]
penteado (m)	kampaus	[kɑmpɑus]
corte (m) de cabelo	kampaus	[kɑmpɑus]
peruca (f)	tekotukka	[teko·tukkɑ]
bigode (m)	viikset	[ʋi:kset]
barba (f)	parta	[pɑrtɑ]
usar, ter (~ barba, etc.)	pitää	[pitæ:]
trança (f)	letti	[letti]
suíças (f pl)	poskiparta	[poski·pɑrtɑ]
ruivo	punatukkainen	[punɑ·tukkɑjnen]
grisalho	harmaa	[hɑrmɑ:]

calvo	kalju	[kalju]
calva (f)	kaljuus	[kalju:s]
rabo-de-cavalo (m)	poninhäntä	[ponin·hæntæ]
franja (f)	otsatukka	[otsa·tukka]

25. Corpo humano

mão (f)	käsi	[kæsi]
braço (m)	käsivarsi	[kæsi·ʋarssi]
dedo (m)	sormi	[sormi]
dedo (m) do pé	varvas	[ʋaruas]
polegar (m)	peukalo	[peukalo]
dedo (m) mindinho	pikkusormi	[pikku·sormi]
unha (f)	kynsi	[kynsi]
punho (m)	nyrkki	[nyrkki]
palma (f) da mão	kämmen	[kæmmen]
pulso (m)	ranne	[ranne]
antebraço (m)	kyynärvarsi	[ky:nær·ʋarsi]
cotovelo (m)	kyynärpää	[ky:nær·pæ:]
ombro (m)	hartia	[hartia]
perna (f)	jalka	[jalka]
pé (m)	jalkaterä	[jalka·teræ]
joelho (m)	polvi	[polʋi]
barriga (f) da perna	pohje	[pohje]
anca (f)	reisi	[rejsi]
calcanhar (m)	kantapää	[kantapæ:]
corpo (m)	vartalo	[ʋartalo]
barriga (f)	maha	[maɦa]
peito (m)	rinta	[rinta]
seio (m)	rinnat	[rinnat]
lado (m)	kylki	[kylki]
costas (f pl)	selkä	[selkæ]
região (f) lombar	ristiselkä	[risti·selkæ]
cintura (f)	vyötärö	[ʋyøtærø]
umbigo (m)	napa	[napa]
nádegas (f pl)	pakarat	[pakarat]
traseiro (m)	takapuoli	[taka·puoli]
sinal (m)	luomi	[luomi]
sinal (m) de nascença	syntymämerkki	[syntymæ·merkki]
tatuagem (f)	tatuointi	[tatuojnti]
cicatriz (f)	arpi	[arpi]

Vestuário & Acessórios

26. Roupa exterior. Casacos

roupa (f)	vaatteet	[ʋɑːtteːt]
roupa (f) exterior	päällysvaatteet	[pæːllys·ʋɑːtteːt]
roupa (f) de inverno	talvivaatteet	[tɑlʋi·ʋɑːtteːt]
sobretudo (m)	takki	[tɑkki]
casaco (m) de peles	turkki	[turkki]
casaco curto (m) de peles	puoliturkki	[puoli·turkki]
casaco (m) acolchoado	untuvatakki	[untuʋɑ·tɑkki]
casaco, blusão (m)	takki	[tɑkki]
impermeável (m)	sadetakki	[sɑde·tɑkki]
impermeável	vedenpitävä	[ʋeden·pitæʋæ]

27. Vestuário de homem & mulher

camisa (f)	paita	[pɑjtɑ]
calças (f pl)	housut	[housut]
calças (f pl) de ganga	farkut	[fɑrkut]
casaco (m) de fato	pikkutakki	[pikku·tɑkki]
fato (m)	puku	[puku]
vestido (ex. ~ vermelho)	leninki	[leniŋki]
saia (f)	hame	[hɑme]
blusa (f)	pusero	[pusero]
casaco (m) de malha	villapusero	[ʋillɑ·pusero]
casaco, blazer (m)	jakku	[jɑkku]
T-shirt, camiseta (f)	T-paita	[teˑpɑjtɑ]
calções (Bermudas, etc.)	shortsit, sortsit	[sortsit]
fato (m) de treino	urheilupuku	[urhejlu·puku]
roupão (m) de banho	kylpytakki	[kylpy·tɑkki]
pijama (m)	pyjama	[pyjɑmɑ]
suéter (m)	villapaita	[ʋillɑ·pɑjtɑ]
pulôver (m)	neulepusero	[neule·pusero]
colete (m)	liivi	[liːʋi]
fraque (m)	frakki	[frɑkki]
smoking (m)	smokki	[smokki]
uniforme (m)	univormu	[uniʋormu]
roupa (f) de trabalho	työvaatteet	[tyø·ʋɑːtteːt]
fato-macaco (m)	haalari	[hɑːlɑri]
bata (~ branca, etc.)	lääkärintakki	[læːkærin·tɑkki]

28. Vestuário. Roupa interior

roupa (f) interior	alusvaatteet	[alus·ʋɑ:tte:t]
cuecas boxer (f pl)	bokserit	[bokserit]
cuecas (f pl)	pikkuhousut	[pikku·housut]
camisola (f) interior	aluspaita	[alus·pɑjtɑ]
peúgas (f pl)	sukat	[sukɑt]
camisa (f) de noite	yöpuku	[yøpuku]
sutiã (m)	rintaliivit	[rintɑ·li:ʋit]
meias longas (f pl)	polvisukat	[polʋi·sukɑt]
meia-calça (f)	sukkahousut	[sukkɑ·housut]
meias (f pl)	sukat	[sukɑt]
fato (m) de banho	uimapuku	[ujmɑ·puku]

29. Adereços de cabeça

chapéu (m)	hattu	[hɑttu]
chapéu (m) de feltro	fedora-hattu	[fedora·hɑttu]
boné (m) de beisebol	lippalakki	[lippɑ·lɑkki]
boné (m)	lakki	[lɑkki]
boina (f)	baskeri	[bɑskeri]
capuz (m)	huppu	[huppu]
panamá (m)	panamahattu	[pɑnɑmɑ·hɑttu]
gorro (m) de malha	pipo	[pipo]
lenço (m)	huivi	[huiʋi]
chapéu (m) de mulher	naisten hattu	[nɑjsten hɑttu]
capacete (m) de proteção	suojakypärä	[suojɑ·kypæræ]
bibico (m)	suikka	[suikkɑ]
capacete (m)	kypärä	[kypæræ]
chapéu-coco (m)	knalli	[knɑlli]
chapéu (m) alto	silinterihattu	[silinteri·hɑttu]

30. Calçado

calçado (m)	jalkineet	[jɑlkine:t]
botinas (f pl)	varsikengät	[ʋɑrsikeŋæt]
sapatos (de salto alto, etc.)	naisten kengät	[nɑjsten keŋæt]
botas (f pl)	saappaat	[sɑ:ppɑ:t]
pantufas (f pl)	tossut	[tossut]
ténis (m pl)	lenkkitossut	[leŋkki·tossut]
sapatilhas (f pl)	lenkkarit	[leŋkkɑrit]
sandálias (f pl)	sandaalit	[sɑndɑ:lit]
sapateiro (m)	suutari	[su:tɑri]
salto (m)	korko	[korko]

par (m)	pari	[pari]
atacador (m)	nauha	[nauha]
apertar os atacadores	sitoa kengännauhat	[sitoa keŋænnauhat]
calçadeira (f)	kenkälusikka	[keŋkæ·lusikka]
graxa (f) para calçado	kenkävoide	[keŋkæ·ʋojde]

31. Acessórios pessoais

luvas (f pl)	käsineet	[kæsine:t]
mitenes (f pl)	lapaset	[lapaset]
cachecol (m)	kaulaliina	[kaula·li:na]

óculos (m pl)	silmälasit	[silmæ·lasit]
armação (f) de óculos	kehys	[keɦys]
guarda-chuva (m)	sateenvarjo	[sate:n·ʋarjo]
bengala (f)	kävelykeppi	[kæʋely·keppi]
escova (f) para o cabelo	hiusharja	[hius·harja]
leque (m)	viuhka	[ʋiuhka]

gravata (f)	solmio	[solmio]
gravata-borboleta (f)	rusetti	[rusetti]
suspensórios (m pl)	henkselit	[heŋkselit]
lenço (m)	nenäliina	[nenæ·li:na]

pente (m)	kampa	[kampa]
travessão (m)	hiussolki	[hius·solki]
gancho (m) de cabelo	hiusneula	[hius·neula]
fivela (f)	solki	[solki]

| cinto (m) | vyö | [ʋyø] |
| correia (f) | hihna | [hihna] |

mala (f)	laukku	[laukku]
mala (f) de senhora	käsilaukku	[kæsi·laukku]
mochila (f)	reppu	[reppu]

32. Vestuário. Diversos

moda (f)	muoti	[muoti]
na moda	muodikas	[muodikas]
estilista (m)	mallisuunnittelija	[malli·su:nnittelija]

colarinho (m), gola (f)	kaulus	[kaulus]
bolso (m)	tasku	[tasku]
de bolso	tasku-	[tasku]
manga (f)	hiha	[hiɦa]
alcinha (f)	raksi	[raksi]
braguilha (f)	halkio	[halkio]

fecho (m) de correr	vetoketju	[ʋeto·ketju]
fecho (m), colchete (m)	kiinnitin	[ki:nnitin]
botão (m)	nappi	[nappi]

casa (f) de botão	napinläpi	[napin·læpi]
soltar-se (vr)	irrota	[irrota]

coser, costurar (vi)	ommella	[ommella]
bordar (vt)	kirjoa	[kirjoa]
bordado (m)	kirjonta	[kirjonta]
agulha (f)	neula	[neula]
fio (m)	lanka	[laŋka]
costura (f)	sauma	[sauma]

sujar-se (vr)	tahraantua	[tahra:ntua]
mancha (f)	tahra	[tahra]
engelhar-se (vr)	rypistyä	[rypistyæ]
rasgar (vt)	repiä	[repiæ]
traça (f)	koi	[koj]

33. Cuidados pessoais. Cosméticos

pasta (f) de dentes	hammastahna	[hammas·tahna]
escova (f) de dentes	hammasharja	[hammas·harja]
escovar os dentes	harjata hampaita	[harjata hampajta]

máquina (f) de barbear	partahöylä	[parta·høylæ]
creme (m) de barbear	partavaahdoke	[parta·ʋa:hdoke]
barbear-se (vr)	ajaa parta	[aja: parta]

sabonete (m)	saippua	[sajppua]
champô (m)	sampoo	[sampo:]

tesoura (f)	sakset	[sakset]
lima (f) de unhas	kynsiviila	[kynsi·ʋi:la]
corta-unhas (m)	kynsileikkuri	[kynsi·lejkkuri]
pinça (f)	pinsetit	[pinsetit]

cosméticos (m pl)	meikki	[mejkki]
máscara (f) facial	kasvonaamio	[kasʋo·na:mio]
manicura (f)	manikyyri	[maniky:ri]
fazer a manicura	hoitaa kynsiä	[hojta: kynsiæ]
pedicure (f)	jalkahoito	[jalka·hojto]

mala (f) de maquilhagem	meikkipussi	[mejkki·pussi]
pó (m)	puuteri	[pu:teri]
caixa (f) de pó	puuterirasia	[pu:teri·rasia]
blush (m)	poskipuna	[poski·puna]

perfume (m)	parfyymi	[parfy:mi]
água (f) de toilette	eau de toilette, hajuvesi	[o·de·tualet], [haju·ʋesi]
loção (f)	kasvovesi	[kasʋo·ʋesi]
água-de-colónia (f)	kölninvesi	[kølnin·ʋesi]

sombra (f) de olhos	luomiväri	[luomi·ʋæri]
lápis (m) delineador	rajauskynä	[rajaus·kynæ]
máscara (f), rímel (m)	ripsiväri	[ripsi·ʋæri]
batom (m)	huulipuna	[hu:li·puna]

verniz (m) de unhas	kynsilakka	[kynsi·lakka]
laca (f) para cabelos	hiuslakka	[hius·lakka]
desodorizante (m)	deodorantti	[deodorantti]
creme (m)	voide	[ʋojde]
creme (m) de rosto	kasvovoide	[kasʋo·ʋojde]
creme (m) de mãos	käsivoide	[kæsi·ʋojde]
creme (m) antirrugas	ryppyvoide	[ryppy·ʋojde]
creme (m) de dia	päivävoide	[pæjʋæ·ʋojde]
creme (m) de noite	yövoide	[yø·ʋojde]
de dia	päivä-	[pæjʋæ]
da noite	yö-	[yø]
tampão (m)	tamponi	[tamponi]
papel (m) higiénico	vessapaperi	[ʋessa·paperi]
secador (m) elétrico	hiustenkuivaaja	[hiusteŋ·kujʋa:ja]

34. Relógios de pulso. Relógios

relógio (m) de pulso	rannekello	[ranne·kello]
mostrador (m)	kellotaulu	[kello·taulu]
ponteiro (m)	osoitin	[osojtin]
bracelete (f) em aço	metalliranneke	[metalli·ranneke]
bracelete (f) em couro	ranneke	[ranneke]
pilha (f)	paristo	[paristo]
descarregar-se	olla tyhjä	[olla tyhjæ]
trocar a pilha	vaihtaa paristo	[ʋajhta: paristo]
estar adiantado	edistää	[edistæ:]
estar atrasado	jätättää	[ætættæ:]
relógio (m) de parede	seinäkello	[sejnæ·kello]
ampulheta (f)	tiimalasi	[ti:malasi]
relógio (m) de sol	aurinkokello	[auriŋko·kello]
despertador (m)	herätyskello	[herætys·kello]
relojoeiro (m)	kelloseppä	[kello·seppæ]
reparar (vt)	korjata	[korjata]

Alimentação. Nutrição

35. Comida

carne (f)	liha	[liha]
galinha (f)	kana	[kana]
frango (m)	kananpoika	[kanan·pojka]
pato (m)	ankka	[aŋkka]
ganso (m)	hanhi	[hanhi]
caça (f)	riista	[ri:sta]
peru (m)	kalkkuna	[kalkkuna]
carne (f) de porco	sianliha	[sian·liha]
carne (f) de vitela	vasikanliha	[vasikan·liha]
carne (f) de carneiro	lampaanliha	[lampa:n·liha]
carne (f) de vaca	naudanliha	[naudan·liha]
carne (f) de coelho	kaniini	[kani:ni]
chouriço, salsichão (m)	makkara	[makkara]
salsicha (f)	nakki	[nakki]
bacon (m)	pekoni	[pekoni]
fiambre (f)	kinkku	[kiŋkku]
presunto (m)	savustettu kinkku	[savustettu kiŋkku]
patê (m)	patee	[pate:]
fígado (m)	maksa	[maksa]
carne (f) moída	jauheliha	[jauhe·liha]
língua (f)	kieli	[kieli]
ovo (m)	muna	[muna]
ovos (m pl)	munat	[munat]
clara (f) do ovo	valkuainen	[valku·ajnen]
gema (f) do ovo	keltuainen	[keltuajnen]
peixe (m)	kala	[kala]
mariscos (m pl)	meren antimet	[meren antimet]
crustáceos (m pl)	äyriäiset	[æyriæjset]
caviar (m)	kaviaari	[kavia:ri]
caranguejo (m)	kuningasrapu	[kuniŋas·rapu]
camarão (m)	katkarapu	[katkarapu]
ostra (f)	osteri	[osteri]
lagosta (f)	langusti	[laŋusti]
polvo (m)	meritursas	[meri·tursas]
lula (f)	kalmari	[kalmari]
esturjão (m)	sampi	[sampi]
salmão (m)	lohi	[lohi]
halibute (m)	pallas	[pallas]
bacalhau (m)	turska	[turska]

cavala, sarda (f)	makrilli	[makrilli]
atum (m)	tonnikala	[tonnikala]
enguia (f)	ankerias	[aŋkerias]
truta (f)	taimen	[tajmen]
sardinha (f)	sardiini	[sardi:ni]
lúcio (m)	hauki	[hauki]
arenque (m)	silli	[silli]
pão (m)	leipä	[lejpæ]
queijo (m)	juusto	[ju:sto]
açúcar (m)	sokeri	[sokeri]
sal (m)	suola	[suola]
arroz (m)	riisi	[ri:si]
massas (f pl)	pasta, makaroni	[pasta], [makaroni]
talharim (m)	nuudeli	[nu:deli]
manteiga (f)	voi	[ʋoj]
óleo (m) vegetal	kasviöljy	[kasʋi·øljy]
óleo (m) de girassol	auringonkukkaöljy	[auriŋon·kukka·øljy]
margarina (f)	margariini	[margari:ni]
azeitonas (f pl)	oliivit	[oli:ʋit]
azeite (m)	oliiviöljy	[oli:ʋi·øljy]
leite (m)	maito	[majto]
leite (m) condensado	maitotiiviste	[majto·ti:ʋiste]
iogurte (m)	jogurtti	[jogurtti]
nata (f) azeda	hapankerma	[hapan·kerma]
nata (f) do leite	kerma	[kerma]
maionese (f)	majoneesi	[majone:si]
creme (m)	kreemi	[kre:mi]
grãos (m pl) de cereais	suurimot	[su:rimot]
farinha (f)	jauhot	[jauɦot]
enlatados (m pl)	säilyke	[sæjlyke]
flocos (m pl) de milho	maissimurot	[majssi·murot]
mel (m)	hunaja	[hunaja]
doce (m)	hillo	[hillo]
pastilha (f) elástica	purukumi	[puru·kumi]

36. Bebidas

água (f)	vesi	[ʋesi]
água (f) potável	juomavesi	[juoma·ʋesi]
água (f) mineral	kivennäisvesi	[kiʋennæjs·ʋesi]
sem gás	ilman hiilihappoa	[ilman hi:li·happoa]
gaseificada	hiilihappovettä	[hi:li·happoʋetta]
com gás	hiilihappoinen	[hi:li·happojnen]
gelo (m)	jää	[jæ:]

com gelo	jään kanssa	[jæ:n kanssa]
sem álcool	alkoholiton	[alkoholiton]
bebida (f) sem álcool	alkoholiton juoma	[alkoholiton juoma]
refresco (m)	virvoitusjuoma	[ʋirʋojtus·juoma]
limonada (f)	limonadi	[limonadi]

bebidas (f pl) alcoólicas	alkoholijuomat	[alkoholi·juomat]
vinho (m)	viini	[ʋi:ni]
vinho (m) branco	valkoviini	[ʋalko·ʋi:ni]
vinho (m) tinto	punaviini	[puna·ʋi:ni]

licor (m)	likööri	[likø:ri]
champanhe (m)	samppanja	[samppanja]
vermute (m)	vermutti	[ʋermutti]

uísque (m)	viski	[ʋiski]
vodka (f)	votka, vodka	[ʋotka], [ʋodka]
gim (m)	gini	[gini]
conhaque (m)	konjakki	[konjakki]
rum (m)	rommi	[rommi]

café (m)	kahvi	[kahʋi]
café (m) puro	musta kahvi	[musta kahʋi]
café (m) com leite	maitokahvi	[majto·kahʋi]
cappuccino (m)	cappuccino	[kaputʃi:no]
café (m) solúvel	murukahvi	[muru·kahʋi]

leite (m)	maito	[majto]
coquetel (m)	cocktail	[koktejl]
batido (m) de leite	pirtelö	[pirtelø]

sumo (m)	mehu	[mehu]
sumo (m) de tomate	tomaattimehu	[toma:tti·mehu]
sumo (m) de laranja	appelsiinimehu	[appelsi:ni·mehu]
sumo (m) fresco	tuoremehu	[tuore·mehu]

cerveja (f)	olut	[olut]
cerveja (f) clara	vaalea olut	[ʋa:lea olut]
cerveja (f) preta	tumma olut	[tumma olut]

chá (m)	tee	[te:]
chá (m) preto	musta tee	[musta te:]
chá (m) verde	vihreä tee	[ʋihreæ te:]

37. Vegetais

| legumes (m pl) | vihannekset | [ʋihannekset] |
| verduras (f pl) | lehtikasvikset | [lehti·kasʋikset] |

tomate (m)	tomaatti	[toma:tti]
pepino (m)	kurkku	[kurkku]
cenoura (f)	porkkana	[porkkana]
batata (f)	peruna	[peruna]
cebola (f)	sipuli	[sipuli]

alho (m)	valkosipuli	[ʋalko·sipuli]
couve (f)	kaali	[kɑːli]
couve-flor (f)	kukkakaali	[kukka·kɑːli]
couve-de-bruxelas (f)	brysselinkaali	[brysseliŋ·kɑːli]
brócolos (m pl)	parsakaali	[parsa·kɑːli]

beterraba (f)	punajuuri	[puna·juːri]
beringela (f)	munakoiso	[muna·kojso]
curgete (f)	kesäkurpitsa	[kesæ·kurpitsa]
abóbora (f)	kurpitsa	[kurpitsa]
nabo (m)	nauris	[nauris]

salsa (f)	persilja	[persilja]
funcho, endro (m)	tilli	[tilli]
alface (f)	lehtisalaatti	[lehti·salɑːtti]
aipo (m)	selleri	[selleri]
espargo (m)	parsa	[parsa]
espinafre (m)	pinaatti	[pinɑːtti]

ervilha (f)	herne	[herne]
fava (f)	pavut	[paʋut]
milho (m)	maissi	[majssi]
feijão (m)	pavut	[paʋut]

pimentão (m)	paprika	[paprika]
rabanete (m)	retiisi	[retiːsi]
alcachofra (f)	artisokka	[artisokka]

38. Frutos. Nozes

fruta (f)	hedelmä	[hedelmæ]
maçã (f)	omena	[omena]
pera (f)	päärynä	[pæːrynæ]
limão (m)	sitruuna	[sitruːna]
laranja (f)	appelsiini	[appelsiːni]
morango (m)	mansikka	[mansikka]

tangerina (f)	mandariini	[mandariːni]
ameixa (f)	luumu	[luːmu]
pêssego (m)	persikka	[persikka]
damasco (m)	aprikoosi	[aprikoːsi]
framboesa (f)	vadelma	[ʋadelma]
ananás (m)	ananas	[ananas]

banana (f)	banaani	[banɑːni]
melancia (f)	vesimeloni	[ʋesi·meloni]
uva (f)	viinirypäleet	[ʋiːni·rypæleːt]
ginja (f)	hapankirsikka	[hapan·kirsikka]
cereja (f)	linnunkirsikka	[linnun·kirsikka]
meloa (f)	meloni	[meloni]

toranja (f)	greippi	[grejppi]
abacate (m)	avokado	[aʋokado]
papaia (f)	papaija	[papaija]

manga (f)	mango	[maŋo]
romã (f)	granaattiomena	[grana:tti·omena]
groselha (f) vermelha	punaherukka	[puna·herukka]
groselha (f) preta	mustaherukka	[musta·herukka]
groselha (f) espinhosa	karviainen	[karviajnen]
mirtilo (m)	mustikka	[mustikka]
amora silvestre (f)	karhunvatukka	[karhun·vatukka]
uvas (f pl) passas	rusina	[rusina]
figo (m)	viikuna	[vi:kuna]
tâmara (f)	taateli	[ta:teli]
amendoim (m)	maapähkinä	[ma:pæhkinæ]
amêndoa (f)	manteli	[manteli]
noz (f)	saksanpähkinä	[saksan·pæhkinæ]
avelã (f)	hasselpähkinä	[hassel·pæhkinæ]
coco (m)	kookospähkinä	[ko:kos·pæhkinæ]
pistáchios (m pl)	pistaasi	[pista:si]

39. Pão. Bolaria

pastelaria (f)	konditoriatuotteet	[konditorja·tuotte:t]
pão (m)	leipä	[lejpæ]
bolacha (f)	keksit	[keksit]
chocolate (m)	suklaa	[sukla:]
de chocolate	suklaa-	[sukla:]
rebuçado (m)	karamelli	[karamelli]
bolo (cupcake, etc.)	leivos	[lejvos]
bolo (m) de aniversário	kakku	[kakku]
tarte (~ de maçã)	piirakka	[pi:rakka]
recheio (m)	täyte	[tæyte]
doce (m)	hillo	[hillo]
geleia (f) de frutas	marmeladi	[marmeladi]
waffle (m)	vohvelit	[vohvelit]
gelado (m)	jäätelö	[jæ:telø]
pudim (m)	vanukas	[vanukas]

40. Pratos cozinhados

prato (m)	ruokalaji	[ruoka·laji]
cozinha (~ portuguesa)	keittiö	[kejttiø]
receita (f)	resepti	[resepti]
porção (f)	annos	[annos]
salada (f)	salaatti	[sala:tti]
sopa (f)	keitto	[kejtto]
caldo (m)	liemi	[liemi]
sandes (f)	voileipä	[voj·lejpæ]

ovos (m pl) estrelados	paistettu muna	[pajstettu muna]
hambúrguer (m)	hampurilainen	[hampurilajnen]
bife (m)	pihvi	[pihui]

conduto (m)	lisäke	[lisæke]
espaguete (m)	spagetti	[spagetti]
puré (m) de batata	perunasose	[peruna·sose]
pizza (f)	pizza	[pitsa]
papa (f)	puuro	[pu:ro]
omelete (f)	munakas	[munakas]

cozido em água	keitetty	[kejtetty]
fumado	savustettu	[sauustettu]
frito	paistettu	[pajstettu]
seco	kuivattu	[kujuattu]
congelado	jäädytetty	[jæ:dytetty]
em conserva	säilötty	[sæjløtty]

doce (açucarado)	makea	[makea]
salgado	suolainen	[suolajnen]
frio	kylmä	[kylmæ]
quente	kuuma	[ku:ma]
amargo	karvas	[karuas]
gostoso	maukas	[maukas]

cozinhar (em água a ferver)	keittää	[kejttæ:]
fazer, preparar (vt)	laittaa ruokaa	[lajtta: ruoka:]
fritar (vt)	paistaa	[pajsta:]
aquecer (vt)	lämmittää	[læmmittæ:]

salgar (vt)	suolata	[suolata]
apimentar (vt)	pippuroida	[pippurojda]
ralar (vt)	raastaa	[ra:sta:]
casca (f)	kuori	[kuori]
descascar (vt)	kuoria	[kuoria]

41. Especiarias

sal (m)	suola	[suola]
salgado	suolainen	[suolajnen]
salgar (vt)	suolata	[suolata]

pimenta (f) preta	musta pippuri	[musta pippuri]
pimenta (f) vermelha	kuuma pippuri	[ku:ma pippuri]
mostarda (f)	sinappi	[sinappi]
raiz-forte (f)	piparjuuri	[pipar·ju:ri]

condimento (m)	höyste	[høyste]
especiaria (f)	mauste	[mauste]
molho (m)	kastike	[kastike]
vinagre (m)	etikka	[etikka]

anis (m)	anis	[anis]
manjericão (m)	basilika	[basilika]

Português	Finlandês	Pronúncia
cravo (m)	neilikka	[nejlikka]
gengibre (m)	inkivääri	[iŋkiʋæ:ri]
coentro (m)	korianteri	[korianteri]
canela (f)	kaneli	[kaneli]
sésamo (m)	seesami	[se:sami]
folhas (f pl) de louro	laakerinlehti	[la:kerin·lehti]
páprica (f)	paprika	[paprika]
cominho (m)	kumina	[kumina]
açafrão (m)	sahrami	[sahrami]

42. Refeições

Português	Finlandês	Pronúncia
comida (f)	ruoka	[ruoka]
comer (vt)	syödä	[syødæ]
pequeno-almoço (m)	aamiainen	[a:miajnen]
tomar o pequeno-almoço	syödä aamiaista	[syødæ a:miajsta]
almoço (m)	lounas	[lounas]
almoçar (vi)	syödä lounasta	[syødæ lounasta]
jantar (m)	illallinen	[illallinen]
jantar (vi)	syödä illallista	[syødæ illallista]
apetite (m)	ruokahalu	[ruoka·halu]
Bom apetite!	Hyvää ruokahalua!	[hyʋæ: ruokahalua]
abrir (~ uma lata, etc.)	avata	[aʋata]
derramar (vt)	läikyttää	[læjkyttæ:]
derramar-se (vr)	läikkyä	[læjkkyæ]
ferver (vi)	kiehua	[kiehua]
ferver (vt)	keittää	[kejttæ:]
fervido	keitetty	[kejtetty]
arrefecer (vt)	jäähdyttää	[jæ:hdyttæ:]
arrefecer-se (vr)	jäähtyä	[jæ:htyæ]
sabor, gosto (m)	maku	[maku]
gostinho (m)	sivumaku	[siʋu·maku]
fazer dieta	olla dieetillä	[olla die:tilæ]
dieta (f)	dieetti	[die:ti]
vitamina (f)	vitamiini	[ʋitami:ni]
caloria (f)	kalori	[kalori]
vegetariano (m)	kasvissyöjä	[kasʋissyøjæ]
vegetariano	kasvis-	[kasʋis]
gorduras (f pl)	rasvat	[rasʋat]
proteínas (f pl)	proteiinit	[protei:nit]
carboidratos (m pl)	hiilihydraatit	[hi:li·hydra:tit]
fatia (~ de limão, etc.)	viipale	[ʋi:pale]
pedaço (~ de bolo)	pala, viipale	[pala], [ʋi:pale]
migalha (f)	muru	[muru]

43. Por a mesa

colher (f)	lusikka	[lusikka]
faca (f)	veitsi	[ʋejtsi]
garfo (m)	haarukka	[hɑːrukka]
chávena (f)	kuppi	[kuppi]
prato (m)	lautanen	[lautanen]
pires (m)	teevati	[teːʋati]
guardanapo (m)	lautasliina	[lautas·liːna]
palito (m)	hammastikku	[hammas·tikku]

44. Restaurante

restaurante (m)	ravintola	[raʋintola]
café (m)	kahvila	[kahʋila]
bar (m), cervejaria (f)	baari	[bɑːri]
salão (m) de chá	teehuone	[teːhuone]
empregado (m) de mesa	tarjoilija	[tarjoilija]
empregada (f) de mesa	tarjoilijatar	[tarjoilijatar]
barman (m)	baarimestari	[bɑːri·mestari]
ementa (f)	ruokalista	[ruoka·lista]
lista (f) de vinhos	viinilista	[ʋiːni·lista]
reservar uma mesa	varata pöytä	[ʋarata pøytæ]
prato (m)	ruokalaji	[ruoka·laji]
pedir (vt)	tilata	[tilata]
fazer o pedido	tilata	[tilata]
aperitivo (m)	aperitiivi	[aperitiːʋi]
entrada (f)	alkupala	[alku·pala]
sobremesa (f)	jälkiruoka	[jælki·ruoka]
conta (f)	lasku	[lasku]
pagar a conta	maksaa lasku	[maksɑː lasku]
dar o troco	antaa vaihtorahaa	[anta: ʋajhtorahaː]
gorjeta (f)	juomaraha	[juoma·raha]

Família, parentes e amigos

45. Informação pessoal. Formulários

nome (m)	nimi	[nimi]
apelido (m)	sukunimi	[suku·nimi]
data (f) de nascimento	syntymäpäivä	[syntymæ·pæjʋæ]
local (m) de nascimento	syntymäpaikka	[syntymæ·pɑjkkɑ]
nacionalidade (f)	kansallisuus	[kɑnsɑllisu:s]
lugar (m) de residência	asuinpaikka	[ɑsujn·pɑjkkɑ]
país (m)	maa	[mɑ:]
profissão (f)	ammatti	[ɑmmɑtti]
sexo (m)	sukupuoli	[suku·puoli]
estatura (f)	pituus	[pitu:s]
peso (m)	paino	[pɑjno]

46. Membros da família. Parentes

mãe (f)	äiti	[æjti]
pai (m)	isä	[isæ]
filho (m)	poika	[pojkɑ]
filha (f)	tytär	[tytær]
filha (f) mais nova	nuorempi tytär	[nuorempi tytær]
filho (m) mais novo	nuorempi poika	[nuorempi pojkɑ]
filha (f) mais velha	vanhempi tytär	[ʋɑnhempi tytær]
filho (m) mais velho	vanhempi poika	[ʋɑnhempi pojkɑ]
irmão (m)	veli	[ʋeli]
irmão (m) mais velho	vanhempi veli	[ʋɑnhempi ʋeli]
irmão (m) mais novo	nuorempi veli	[nuorempi ʋeli]
irmã (f)	sisar	[sisɑr]
irmã (f) mais velha	vanhempi sisar	[ʋɑnhempi sisɑr]
irmã (f) mais nova	nuorempi sisar	[nuorempi sisɑr]
primo (m)	serkku	[serkku]
prima (f)	serkku	[serkku]
mamã (f)	äiti	[æjti]
papá (m)	isä	[isæ]
pais (pl)	vanhemmat	[ʋɑnhemmɑt]
criança (f)	lapsi	[lɑpsi]
crianças (f pl)	lapset	[lɑpset]
avó (f)	isoäiti	[iso·æjti]
avô (m)	isoisä	[iso·isæ]
neto (m)	lapsenlapsi	[lɑpsen·lɑpsi]

neta (f)	lapsenlapsi	[lapsen·lapsi]
netos (pl)	lastenlapset	[lasten·lapset]
tio (m)	setä	[setæ]
tia (f)	täti	[tæti]
sobrinho (m)	veljenpoika	[ʋeljen·pojka]
sobrinha (f)	sisarenpoika	[sisaren·pojka]
sogra (f)	anoppi	[anoppi]
sogro (m)	appi	[appi]
genro (m)	vävy	[ʋæʋy]
madrasta (f)	äitipuoli	[æjti·puoli]
padrasto (m)	isäpuoli	[isæ·puoli]
criança (f) de colo	rintalapsi	[rinta·lapsi]
bebé (m)	vauva	[ʋauʋa]
menino (m)	lapsi, pienokainen	[lapsi], [pienokajnen]
mulher (f)	vaimo	[ʋajmo]
marido (m)	mies	[mies]
esposo (m)	aviomies	[aʋiomies]
esposa (f)	aviovaimo	[aʋioʋajmo]
casado	naimisissa	[najmisissa]
casada	naimisissa	[najmisissa]
solteiro	naimaton	[najmaton]
solteirão (m)	poikamies	[pojkamies]
divorciado	eronnut	[eronnut]
viúva (f)	leski	[leski]
viúvo (m)	leski	[leski]
parente (m)	sukulainen	[sukulajnen]
parente (m) próximo	lähisukulainen	[læɦi·sukulajnen]
parente (m) distante	kaukainen sukulainen	[kaukajnen sukulajnen]
parentes (m pl)	sukulaiset	[sukulajset]
órfão (m), órfã (f)	orpo	[orpo]
tutor (m)	holhooja	[holho:ja]
adotar (um filho)	adoptoida	[adoptojda]
adotar (uma filha)	adoptoida	[adoptojda]

Medicina

47. Doenças

doença (f)	sairaus	[sajraus]
estar doente	sairastaa	[sajrasta:]
saúde (f)	terveys	[terʋeys]
nariz (m) a escorrer	nuha	[nuha]
amigdalite (f)	angiina	[aŋi:na]
constipação (f)	vilustuminen	[ʋilustuminen]
constipar-se (vr)	vilustua	[ʋilustua]
bronquite (f)	keuhkokatarri	[keuhko·katarri]
pneumonia (f)	keuhkotulehdus	[keuhko·tulehdus]
gripe (f)	influenssa	[influenssa]
míope	likinäköinen	[likinækøjnen]
presbita	kaukonäköinen	[kaukonækøjnen]
estrabismo (m)	kierosilmäisyys	[kiero·silmæjsy:s]
estrábico	kiero	[kiero]
catarata (f)	harmaakaihi	[harma:kajhi]
glaucoma (m)	silmänpainetauti	[silmæn·pajne·tauti]
AVC (m), apoplexia (f)	aivoinfarkti	[ajʋo·infarkti]
ataque (m) cardíaco	infarkti	[infarkti]
enfarte (m) do miocárdio	sydäninfarkti	[sydæn·infarkti]
paralisia (f)	halvaus	[halʋaus]
paralisar (vt)	halvauttaa	[halʋautta:]
alergia (f)	allergia	[allergia]
asma (f)	astma	[astma]
diabetes (f)	diabetes	[diabetes]
dor (f) de dentes	hammassärky	[hammas·særky]
cárie (f)	hammasmätä	[hammas·mætæ]
diarreia (f)	ripuli	[ripuli]
prisão (f) de ventre	ummetus	[ummetus]
desarranjo (m) intestinal	vatsavaiva	[ʋatsa·ʋajʋa]
intoxicação (f) alimentar	ruokamyrkytys	[ruoka·myrkytys]
intoxicar-se	myrkyttyä	[myrkyttyæ]
artrite (f)	niveltulehdus	[niʋel·tulehdus]
raquitismo (m)	riisitauti	[ri:sitati]
reumatismo (m)	reuma	[reuma]
arteriosclerose (f)	ateroskleroosi	[ateroskleɾo:si]
gastrite (f)	mahakatarri	[maha·katarri]
apendicite (f)	umpilisäketulehdus	[umpilisæke·tulehdus]

colecistite (f)	kolekystiitti	[kolekysti:tti]
úlcera (f)	haavauma	[hɑ:ʋɑumɑ]

sarampo (m)	tuhkarokko	[tuhkɑ·rokko]
rubéola (f)	vihurirokko	[ʋiɦuri·rokko]
itericia (f)	keltatauti	[keltɑ·tɑuti]
hepatite (f)	hepatiitti	[hepɑti:tti]

esquizofrenia (f)	jakomielisyys	[jɑkomielisy:s]
raiva (f)	raivotauti	[rɑjʋo·tɑuti]
neurose (f)	neuroosi	[neuro:si]
comoção (f) cerebral	aivotärähdys	[ɑjʋo·tæræhdys]

cancro (m)	syöpä	[syøpæ]
esclerose (f)	skleroosi	[sklero:si]
esclerose (f) múltipla	multippeliskleroosi	[multippeli·sklero:si]

alcoolismo (m)	alkoholismi	[ɑlkoɦolismi]
alcoólico (m)	alkoholisti	[ɑlkoɦolisti]
sífilis (f)	kuppa, syfilis	[kuppɑ], [sifilis]
SIDA (f)	AIDS	[ɑjds]

tumor (m)	kasvain	[kɑsʋɑjn]
maligno	pahanlaatuinen	[pɑɦɑn·lɑ:jtunen]
benigno	hyvänlaatuinen	[hyʋænlɑ:tunen]

febre (f)	kuume	[ku:me]
malária (f)	malaria	[mɑlɑriɑ]
gangrena (f)	kuolio	[kuolio]
enjoo (m)	merisairaus	[meri·sɑjrɑus]
epilepsia (f)	epilepsia	[epilepsiɑ]

epidemia (f)	epidemia	[epidemiɑ]
tifo (m)	lavantauti	[lɑʋɑn·tɑuti]
tuberculose (f)	tuberkuloosi	[tuberkulo:si]
cólera (f)	kolera	[kolerɑ]
peste (f)	rutto	[rutto]

48. Sintomas. Tratamentos. Parte 1

sintoma (m)	oire	[ojre]
temperatura (f)	kuume	[ku:me]
febre (f)	korkea kuume	[korkeɑ ku:me]
pulso (m)	pulssi, syke	[pulssi], [syke]

vertigem (f)	huimaus	[hujmɑus]
quente (testa, etc.)	kuuma	[ku:mɑ]
calafrio (m)	vilunväristys	[ʋilun·ʋæristys]
pálido	kalpea	[kɑlpeɑ]

tosse (f)	yskä	[yskæ]
tossir (vi)	yskiä	[yskiæ]
espirrar (vi)	aivastella	[ɑjʋɑstellɑ]
desmaio (m)	pyörtyminen	[pyørtyminen]

desmaiar (vi)	pyörtyä	[pyørtyæ]
nódoa (f) negra	mustelma	[mustelma]
galo (m)	kuhmu	[kuhmu]
magoar-se (vr)	loukkaantua	[loukkɑ:ntua]
pisadura (f)	ruhje	[ruhje]
aleijar-se (vr)	loukkaantua	[loukkɑ:ntua]
coxear (vi)	ontua	[ontua]
deslocação (f)	sijoiltaanmeno	[sijoilta:nmeno]
deslocar (vt)	siirtää sijoiltaan	[si:rtæ: sijoilta:n]
fratura (f)	murtuma	[murtuma]
fraturar (vt)	saada murtuma	[sɑ:da murtuma]
corte (m)	leikkaushaava	[lejkkaus·hɑ:ʋa]
cortar-se (vr)	leikata	[lejkata]
hemorragia (f)	verenvuoto	[ʋeren·ʋuoto]
queimadura (f)	palohaava	[palo·hɑ:ʋa]
queimar-se (vr)	polttaa itse	[poltta: itse]
picar (vt)	pistää	[pistæ:]
picar-se (vr)	pistää itseä	[pistæ: itseæ]
lesionar (vt)	vahingoittaa	[ʋaɦiŋojtta:]
lesão (m)	vamma, vaurio	[ʋamma], [ʋaurio]
ferida (f), ferimento (m)	haava	[hɑ:ʋa]
trauma (m)	trauma, vamma	[trauma], [ʋamma]
delirar (vi)	hourailla	[hourajlla]
gaguejar (vi)	änkyttää	[æŋkyttæ:]
insolação (f)	auringonpistos	[auriŋon·pistos]

49. Sintomas. Tratamentos. Parte 2

dor (f)	kipu	[kipu]
farpa (no dedo)	tikku	[tikku]
suor (m)	hiki	[hiki]
suar (vi)	hikoilla	[hikojlla]
vómito (m)	oksennus	[oksennus]
convulsões (f pl)	kouristukset	[kouristukset]
grávida	raskaana oleva	[raska:na oleʋa]
nascer (vi)	syntyä	[syntyæ]
parto (m)	synnytys	[synnytys]
dar à luz	synnyttää	[synnyttæ:]
aborto (m)	raskaudenkeskeytys	[raskauden·keskeytys]
respiração (f)	hengitys	[heŋitys]
inspiração (f)	sisäänhengitys	[sisæ:n·heŋitys]
expiração (f)	uloshengitys	[ulos·heŋitys]
expirar (vi)	hengittää ulos	[heŋittæ: ulos]
inspirar (vi)	hengittää sisään	[hengittæ: sisæ:n]
inválido (m)	invalidi	[inʋalidi]
aleijado (m)	rampa	[rampa]

toxicodependente (m)	narkomaani	[narkomaːni]
surdo	kuuro	[kuːro]
mudo	mykkä	[mykkæ]
surdo-mudo	kuuromykkä	[kuːro·mykkæ]

louco (adj.)	mielenvikainen	[mielen·ʋikajnen]
louco (m)	hullu	[hullu]
louca (f)	hullu	[hullu]
ficar louco	tulla hulluksi	[tulla hulluksi]

gene (m)	geeni	[geːni]
imunidade (f)	immuniteetti	[immuniteːtti]
hereditário	perintö-	[perintø]
congénito	synnynnäinen	[synnynnæjnen]

vírus (m)	virus	[ʋirus]
micróbio (m)	mikrobi	[mikrobi]
bactéria (f)	bakteeri	[bakteːri]
infeção (f)	infektio, tartunta	[infektio], [tartunta]

50. Sintomas. Tratamentos. Parte 3

hospital (m)	sairaala	[sajraːla]
paciente (m)	potilas	[potilas]

diagnóstico (m)	diagnoosi	[diagnoːsi]
cura (f)	lääkintä	[læːkintæ]
tratamento (m) médico	hoito	[hojto]
curar-se (vr)	saada hoitoa	[saːda hojtoa]
tratar (vt)	hoitaa	[hojtaː]
cuidar (pessoa)	hoitaa	[hojtaː]
cuidados (m pl)	hoito	[hojto]

operação (f)	leikkaus	[lejkkaus]
enfaixar (vt)	sitoa	[sitoa]
enfaixamento (m)	sidonta	[sidonta]

vacinação (f)	rokotus	[rokotus]
vacinar (vt)	rokottaa	[rokottaː]
injeção (f)	injektio	[injektio]
dar uma injeção	tehdä pisto	[tehdæ pisto]

ataque (~ de asma, etc.)	kohtaus	[kohtaus]
amputação (f)	amputaatio	[amputaːtio]
amputar (vt)	amputoida	[amputojda]
coma (f)	kooma	[koːma]
estar em coma	olla koomassa	[olla koːmassa]
reanimação (f)	teho-osasto	[teho·osasto]

recuperar-se (vr)	parantua	[parantua]
estado (~ de saúde)	terveydentila	[terʋeyden·tila]
consciência (f)	tajunta	[tajunta]
memória (f)	muisti	[mujsti]
tirar (vt)	poistaa	[pojstaː]

| chumbo (m), obturação (f) | paikka | [pajkka] |
| chumbar, obturar (vt) | paikata | [pajkata] |

| hipnose (f) | hypnoosi | [hypno:si] |
| hipnotizar (vt) | hypnotisoida | [hypnotisojda] |

51. Médicos

médico (m)	lääkäri	[læ:kæri]
enfermeira (f)	sairaanhoitaja	[sajra:n·hojtaja]
médico (m) pessoal	omalääkäri	[oma·læ:kæri]

dentista (m)	hammaslääkäri	[hammas·læ:kæri]
oculista (m)	silmälääkäri	[silmæ·læ:kæri]
terapeuta (m)	sisätautilääkäri	[sisætauti·læ:kæri]
cirurgião (m)	kirurgi	[kirurgi]

psiquiatra (m)	psykiatri	[psykiatri]
pediatra (m)	lastenlääkäri	[lasten·læ:kæri]
psicólogo (m)	psykologi	[psykologi]
ginecologista (m)	naistentautilääkäri	[najstentauti·læ:kæri]
cardiologista (m)	kardiologi	[kardiologi]

52. Medicina. Drogas. Acessórios

medicamento (m)	lääke	[læ:ke]
remédio (m)	lääke	[læ:ke]
receitar (vt)	määrätä	[mæ:rætæ]
receita (f)	resepti	[resepti]

comprimido (m)	tabletti	[tabletti]
pomada (f)	voide	[vojde]
ampola (f)	ampulli	[ampulli]
preparado (m)	liuos	[liuos]
xarope (m)	siirappi	[si:rappi]
cápsula (f)	pilleri	[pilleri]
remédio (m) em pó	jauhe	[jauɦe]

ligadura (f)	side	[side]
algodão (m)	vanu	[vanu]
iodo (m)	jodi	[jodi]

penso (m) rápido	laastari	[la:stari]
conta-gotas (m)	pipetti	[pipetti]
termómetro (m)	kuumemittari	[ku:me·mittari]
seringa (f)	ruisku	[rujsku]

| cadeira (f) de rodas | pyörätuoli | [pyøræ·tuoli] |
| muletas (f pl) | kainalosauvat | [kajnalo·sauvat] |

| analgésico (m) | puudutusaine | [pu:dutus·ajne] |
| laxante (m) | ulostuslääke | [ulostus·læ:ke] |

álcool (m) etílico   **sprii**   [spri:]
ervas (f pl) medicinais   **lääkeyrtti**   [læ:ke·yrtti]
de ervas (chá ~)   **yrtti-**   [yrtti]

HABITAT HUMANO

Cidade

53. Cidade. Vida na cidade

cidade (f)	kaupunki	[kaupuŋki]
capital (f)	pääkaupunki	[pæ:kaupuŋki]
aldeia (f)	kylä	[kylæ]
mapa (m) da cidade	asemakaava	[asema·ka:ʋa]
centro (m) da cidade	keskusta	[keskusta]
subúrbio (m)	esikaupunki	[esikaupuŋki]
suburbano	esikaupunki-	[esikaupuŋki]
periferia (f)	laitakaupunginosa	[lajta·kaupunginosa]
arredores (m pl)	ympäristö	[ympæristø]
quarteirão (m)	kortteli	[kortteli]
quarteirão (m) residencial	asuinkortteli	[asujŋ·kortteli]
tráfego (m)	liikenne	[li:kenne]
semáforo (m)	liikennevalot	[li:kenne·ʋalot]
transporte (m) público	julkiset kulkuvälineet	[julkiset kulkuʋæline:t]
cruzamento (m)	risteys	[risteys]
passadeira (f)	suojatie	[suojatæ]
passagem (f) subterrânea	alikäytävä	[ali·kæytæʋæ]
cruzar, atravessar (vt)	ylittää	[ylittæ:]
peão (m)	jalankulkija	[jalaŋkulkija]
passeio (m)	jalkakäytävä	[jalka·kæytæʋæ]
ponte (f)	silta	[silta]
margem (f) do rio	rantakatu	[ranta·katu]
fonte (f)	suihkulähde	[sujhku·læhde]
alameda (f)	lehtikuja	[lehti·kuja]
parque (m)	puisto	[pujsto]
bulevar (m)	bulevardi	[buleʋardi]
praça (f)	aukio	[aukio]
avenida (f)	valtakatu	[ʋalta·katu]
rua (f)	katu	[katu]
travessa (f)	kuja	[kuja]
beco (m) sem saída	umpikuja	[umpikuja]
casa (f)	talo	[talo]
edifício, prédio (m)	rakennus	[rakennus]
arranha-céus (m)	pilvenpiirtäjä	[pilʋen·pi:rtæjæ]
fachada (f)	julkisivu	[julki·siʋu]
telhado (m)	katto	[katto]

janela (f)	ikkuna	[ikkunɑ]
arco (m)	kaari	[kɑːri]
coluna (f)	pylväs	[pylʋæs]
esquina (f)	kulma	[kulmɑ]

montra (f)	näyteikkuna	[næyte·ikkunɑ]
letreiro (m)	kauppakyltti	[kɑuppɑ·kyltti]
cartaz (m)	juliste	[juliste]
cartaz (m) publicitário	mainosjuliste	[mɑjnos·juliste]
painel (m) publicitário	mainoskilpi	[mɑjnos·kilpi]

lixo (m)	jäte	[jæte]
cesta (f) do lixo	roskis	[roskis]
jogar lixo na rua	roskata	[roskɑtɑ]
aterro (m) sanitário	kaatopaikka	[kɑːto·pɑjkkɑ]

cabine (f) telefónica	puhelinkoppi	[puɦeliŋ·koppi]
candeeiro (m) de rua	lyhtypylväs	[lyhty·pylʋæs]
banco (m)	penkki	[peŋkki]

polícia (m)	poliisi	[poliːsi]
polícia (instituição)	poliisi	[poliːsi]
mendigo (m)	kerjäläinen	[kerjælæjnen]
sem-abrigo (m)	koditon	[koditon]

54. Instituições urbanas

loja (f)	kauppa	[kɑuppɑ]
farmácia (f)	apteekki	[ɑpteːkki]
ótica (f)	optiikka	[optiːkkɑ]
centro (m) comercial	kauppakeskus	[kɑuppɑ·keskus]
supermercado (m)	supermarketti	[super·mɑrketti]

padaria (f)	leipäkauppa	[lejpæ·kɑuppɑ]
padeiro (m)	leipuri	[lejpuri]
pastelaria (f)	konditoria	[konditoriɑ]
mercearia (f)	sekatavarakauppa	[sekɑtɑʋɑrɑ·kɑuppɑ]
talho (m)	lihakauppa	[liɦɑ·kɑuppɑ]

loja (f) de legumes	vihanneskauppa	[ʋiɦɑnnes·kɑuppɑ]
mercado (m)	kauppatori	[kɑuppɑ·tori]

café (m)	kahvila	[kɑhʋilɑ]
restaurante (m)	ravintola	[rɑʋintolɑ]
bar (m), cervejaria (f)	pubi	[pubi]
pizzaria (f)	pizzeria	[pitseriɑ]

salão (m) de cabeleireiro	parturinliike	[pɑrturin·liːke]
correios (m pl)	posti	[posti]
lavandaria (f)	kemiallinen pesu	[kemiɑllinen pesu]
estúdio (m) fotográfico	valokuvastudio	[ʋɑlokuʋɑ·studio]

sapataria (f)	kenkäkauppa	[keŋkæ·kɑuppɑ]
livraria (f)	kirjakauppa	[kirjɑ·kɑuppɑ]

loja (f) de artigos de desporto	urheilukauppa	[urhejlu·kauppɑ]
reparação (f) de roupa	vaatteiden korjaus	[ʋɑːttejden korjɑus]
aluguer (m) de roupa	vaate vuokralle	[ʋɑːte ʋuokralle]
aluguer (m) de filmes	elokuvien vuokra	[elokuʋien ʋuokrɑ]

circo (m)	sirkus	[sirkus]
jardim (m) zoológico	eläintarha	[elæjn·tɑrhɑ]
cinema (m)	elokuvateatteri	[elokuʋɑ·teɑtteri]
museu (m)	museo	[museo]
biblioteca (f)	kirjasto	[kirjɑsto]

teatro (m)	teatteri	[teɑtteri]
ópera (f)	ooppera	[oːppera]
clube (m) noturno	yökerho	[yø·kerho]
casino (m)	kasino	[kɑsino]

mesquita (f)	moskeija	[moskejɑ]
sinagoga (f)	synagoga	[synagoga]
catedral (f)	tuomiokirkko	[tuomio·kirkko]
templo (m)	temppeli	[temppeli]
igreja (f)	kirkko	[kirkko]

instituto (m)	instituutti	[instituːtti]
universidade (f)	yliopisto	[yli·opisto]
escola (f)	koulu	[koulu]

prefeitura (f)	prefektuuri	[prefektuːri]
câmara (f) municipal	kaupunginhallitus	[kɑupuŋin·hɑllitus]
hotel (m)	hotelli	[hotelli]
banco (m)	pankki	[pɑŋkki]

embaixada (f)	suurlähetystö	[suːrlæɦetystø]
agência (f) de viagens	matkatoimisto	[mɑtkɑ·tojmisto]
agência (f) de informações	neuvontatoimisto	[neuʋontɑ·tojmisto]
casa (f) de câmbio	valuutanvaihtotoimisto	[ʋɑluːtɑn·ʋɑjhto·tojmisto]

metro (m)	metro	[metro]
hospital (m)	sairaala	[sɑjrɑːlɑ]

posto (m) de gasolina	bensiiniasema	[bensiːni·ɑsemɑ]
parque (m) de estacionamento	parkkipaikka	[pɑrkki·pɑjkkɑ]

55. Sinais

letreiro (m)	kauppakyltti	[kɑuppɑ·kyltti]
inscrição (f)	kyltti	[kyltti]
cartaz, póster (m)	juliste, plakaatti	[juliste], [plɑkɑːtti]
sinal (m) informativo	osoitin	[osojtin]
seta (f)	nuoli	[nuoli]

aviso (advertência)	varoitus	[ʋɑrojtus]
sinal (m) de aviso	varoitus	[ʋɑrojtus]
avisar, advertir (vt)	varoittaa	[ʋɑrojttɑː]
dia (m) de folga	vapaapäivä	[ʋɑpɑː·pæjʋæ]

horário (m)	aikataulu	[ajka·taulu]
horário (m) de funcionamento	aukioloaika	[aukiolo·ajka]
BEM-VINDOS!	TERVETULOA!	[teruetuloa]
ENTRADA	SISÄÄN	[sisæ:n]
SAÍDA	ULOS	[ulos]
EMPURRE	TYÖNNÄ	[tyønnæ]
PUXE	VEDÄ	[uedæ]
ABERTO	AUKI	[auki]
FECHADO	KIINNI	[ki:nni]
MULHER	NAISET	[najset]
HOMEM	MIEHET	[miehet]
DESCONTOS	ALE	[ale]
SALDOS	ALENNUSMYYNTI	[alennus·my:nti]
NOVIDADE!	UUTUUS!	[u:tu:s]
GRÁTIS	ILMAISEKSI	[ilmajseksi]
ATENÇÃO!	HUOMIO!	[huomio]
NÃO HÁ VAGAS	EI OLE TILAA	[ej ole tila:]
RESERVADO	VARATTU	[uarattu]
ADMINISTRAÇÃO	HALLINTO	[hallinto]
SOMENTE PESSOAL AUTORIZADO	VAIN HENKILÖKUNNALLE	[uajn heŋkilø·kunnalle]
CUIDADO CÃO FEROZ	VARO KOIRAA!	[uaro kojra:]
PROIBIDO FUMAR!	TUPAKOINTI KIELLETTY	[tupakojnti kielletty]
NÃO TOCAR	EI SAA KOSKEA!	[ej sa: koskea]
PERIGOSO	VAARA	[ua:ra]
PERIGO	HENGENVAARA	[heŋenua:ra]
ALTA TENSÃO	SUURJÄNNITE	[su:rjænnite]
PROIBIDO NADAR	UIMINEN KIELLETTY	[ujminen kielletty]
AVARIADO	EI TOIMI	[ej tojmi]
INFLAMÁVEL	SYTTYVÄ	[syttyuæ]
PROIBIDO	KIELLETTY	[kielletty]
ENTRADA PROIBIDA	LÄPIKULKU KIELLETTY	[læpikulku kielletty]
CUIDADO TINTA FRESCA	ON MAALATTU	[on ma:lattu]

56. Transportes urbanos

autocarro (m)	bussi	[bussi]
elétrico (m)	raitiovaunu	[rajtio·uaunu]
troleicarro (m)	johdinauto	[johdin·auto]
itinerário (m)	reitti	[rejtti]
número (m)	numero	[numero]
ir de ... (carro, etc.)	mennä ...	[mennæ]
entrar (~ no autocarro)	nousta	[nousta]
descer de ...	astua ulos	[astua ulos]

paragem (f)	pysäkki	[pysækki]
próxima paragem (f)	seuraava pysäkki	[seurɑ:ʋɑ pysækki]
ponto (m) final	pääteasema	[pæ:teɑsemɑ]
horário (m)	aikataulu	[ɑjkɑ·tɑulu]
esperar (vt)	odottaa	[odottɑ:]

| bilhete (m) | lippu | [lippu] |
| custo (m) do bilhete | kyytimaksu | [ky:ti·mɑksu] |

bilheteiro (m)	kassanhoitaja	[kɑssɑn·hojtɑjɑ]
controlo (m) dos bilhetes	tarkastus	[tɑrkɑstus]
revisor (m)	tarkastaja	[tɑrkɑstɑjɑ]

atrasar-se (vr)	myöhästyä	[myøhæstyæ]
perder (o autocarro, etc.)	myöhästyä	[myøhæstyæ]
estar com pressa	olla kiire	[ollɑ ki:re]

táxi (m)	taksi	[tɑksi]
taxista (m)	taksinkuljettaja	[tɑksiŋ·kuljettɑjɑ]
de táxi (ir ~)	taksilla	[tɑksillɑ]
praça (f) de táxis	taksiasema	[tɑksi·ɑsemɑ]
chamar um táxi	tilata taksi	[tilɑtɑ tɑksi]
apanhar um táxi	ottaa taksi	[ottɑ: tɑksi]

tráfego (m)	liikenne	[li:kenne]
engarrafamento (m)	ruuhka	[ru:hkɑ]
horas (f pl) de ponta	ruuhka-aika	[ru:hkɑ·ɑjkɑ]
estacionar (vi)	pysäköidä	[pysækøjdæ]
estacionar (vt)	pysäköidä	[pysækøjdæ]
parque (m) de estacionamento	parkkipaikka	[pɑrkki·pɑjkkɑ]

metro (m)	metro	[metro]
estação (f)	asema	[ɑsemɑ]
ir de metro	mennä metrolla	[mennæ metrollɑ]
comboio (m)	juna	[junɑ]
estação (f)	rautatieasema	[rɑutɑtie·ɑsemɑ]

57. Turismo

monumento (m)	patsas	[pɑtsɑs]
fortaleza (f)	linna	[linnɑ]
palácio (m)	palatsi	[pɑlɑtsi]
castelo (m)	linna	[linnɑ]
torre (f)	torni	[torni]
mausoléu (m)	mausoleumi	[mɑusoleumi]

arquitetura (f)	arkkitehtuuri	[ɑrkkitehtu:ri]
medieval	keskiaikainen	[keskiɑjkɑjnen]
antigo	vanha	[ʋɑnhɑ]
nacional	kansallinen	[kɑnsɑllinen]
conhecido	tunnettu	[tunnettu]

| turista (m) | matkailija | [mɑtkɑjlijɑ] |
| guia (pessoa) | opas | [opɑs] |

excursão (f)	ekskursio, retki	[ekskursio], [retki]
mostrar (vt)	näyttää	[næyttæ:]
contar (vt)	kertoa	[kertoa]

encontrar (vt)	löytää	[løytæ:]
perder-se (vr)	hävitä	[hæʋitæ]
mapa (~ do metrô)	reittikartta	[rejtti·kartta]
mapa (~ da cidade)	asemakaava	[asema·ka:ʋa]

lembrança (f), presente (m)	matkamuisto	[matka·mujsto]
loja (f) de presentes	matkamuistokauppa	[matka·mujsto·kauppa]
fotografar (vt)	valokuvata	[ʋalokuʋata]
fotografar-se	valokuvauttaa itsensä	[ʋalokuʋautta: itsensæ]

58. Compras

comprar (vt)	ostaa	[osta:]
compra (f)	ostos	[ostos]
fazer compras	käydä ostoksilla	[kæydæ ostoksilla]
compras (f pl)	shoppailu	[ʃoppajlu]

estar aberta (loja, etc.)	toimia	[tojmia]
estar fechada	olla kiinni	[olla ki:nni]

calçado (m)	jalkineet	[jalkine:t]
roupa (f)	vaatteet	[ʋa:tte:t]
cosméticos (m pl)	kosmetiikka	[kosmeti:kka]
alimentos (m pl)	ruokatavarat	[ruoka·taʋarat]
presente (m)	lahja	[lahja]

vendedor (m)	myyjä	[my:jæ]
vendedora (f)	myyjätär	[my:jætær]

caixa (f)	kassa	[kassa]
espelho (m)	peili	[pejli]
balcão (m)	tiski	[tiski]
cabine (f) de provas	sovitushuone	[soʋitus·huone]

provar (vt)	sovittaa	[soʋitta:]
servir (vi)	sopia	[sopia]
gostar (apreciar)	pitää, tykätä	[pitæ:], [tykætæ]

preço (m)	hinta	[hinta]
etiqueta (f) de preço	hintalappu	[hinta·lappu]
custar (vt)	maksaa	[maksa:]
Quanto?	Kuinka paljon?	[kujŋka paljon]
desconto (m)	alennus	[alennus]

não caro	halpa	[halpa]
barato	halpa	[halpa]
caro	kallis	[kallis]
É caro	Se on kallista	[se on kallista]
aluguer (m)	vuokra	[ʋuokra]
alugar (vestidos, etc.)	vuokrata	[ʋuokrata]

| crédito (m) | luotto | [luotto] |
| a crédito | luotolla | [luotolla] |

59. Dinheiro

dinheiro (m)	raha, rahat	[raha], [rahat]
câmbio (m)	valuutanvaihto	[ʋaluːtanˑʋajhto]
taxa (f) de câmbio	kurssi	[kurssi]
Caixa Multibanco (m)	pankkiautomaatti	[paŋkkiˑautomaːtti]
moeda (f)	kolikko	[kolikko]

| dólar (m) | dollari | [dollari] |
| euro (m) | euro | [euro] |

lira (f)	liira	[liːra]
marco (m)	markka	[markka]
franco (m)	frangi	[fraŋi]
libra (f) esterlina	punta	[punta]
iene (m)	jeni	[jeni]

dívida (f)	velka	[ʋelka]
devedor (m)	velallinen	[ʋelallinen]
emprestar (vt)	lainata jollekulle	[lajnata jolekulle]
pedir emprestado	lainata joltakulta	[lajnata joltakulta]

banco (m)	pankki	[paŋkki]
conta (f)	tili	[tili]
depositar (vt)	tallettaa	[tallettaː]
depositar na conta	tallettaa rahaa tilille	[tallettaː raha: tilille]
levantar (vt)	nostaa rahaa tililtä	[nostaː raha: tililta]

cartão (m) de crédito	luottokortti	[luottoˑkortti]
dinheiro (m) vivo	käteinen	[kætejnen]
cheque (m)	sekki	[sekki]
passar um cheque	kirjoittaa shekki	[kirjoittaː ʃekki]
livro (m) de cheques	sekkivihko	[sekkiˑʋihko]

carteira (f)	lompakko	[lompakko]
porta-moedas (m)	kukkaro	[kukkaro]
cofre (m)	kassakaappi	[kassaˑkaːppi]

herdeiro (m)	perillinen	[perillinen]
herança (f)	perintö	[perintø]
fortuna (riqueza)	varallisuus	[ʋarallisuːs]

arrendamento (m)	vuokraus	[ʋuokraus]
renda (f) de casa	asuntovuokra	[asuntoˑʋuokra]
alugar (vt)	vuokrata	[ʋuokrata]

preço (m)	hinta	[hinta]
custo (m)	hinta	[hinta]
soma (f)	summa	[summa]
gastar (vt)	kuluttaa	[kuluttaː]
gastos (m pl)	kulut	[kulut]

economizar (vi)	säästäväisesti	[sæːstæʋæjsesti]
económico	säästäväinen	[sæːstæʋæjnen]
pagar (vt)	maksaa	[mɑksɑː]
pagamento (m)	maksu	[mɑksu]
troco (m)	vaihtoraha	[ʋɑjhtoˑrɑɦɑ]
imposto (m)	vero	[ʋero]
multa (f)	sakko	[sɑkko]
multar (vt)	sakottaa	[sɑkottɑː]

60. Correios. Serviço postal

correios (m pl)	posti	[posti]
correio (m)	posti	[posti]
carteiro (m)	postinkantaja	[postiŋˑkɑntɑjɑ]
horário (m)	virka-aika	[ʋirkɑˑɑjkɑ]
carta (f)	kirje	[kirje]
carta (f) registada	kirjattu kirje	[kirjɑttu kirje]
postal (m)	postikortti	[postiˑkortti]
telegrama (m)	sähke	[sæhke]
encomenda (f) postal	paketti	[pɑketti]
remessa (f) de dinheiro	rahalähetys	[rɑɦɑˑlæɦetys]
receber (vt)	vastaanottaa	[ʋɑstɑːnottɑː]
enviar (vt)	lähettää	[læɦettæː]
envio (m)	lähettäminen	[læɦettæminen]
endereço (m)	osoite	[osojte]
código (m) postal	postinumero	[postiˑnumero]
remetente (m)	lähettäjä	[læɦettæjæ]
destinatário (m)	saaja, vastaanottaja	[sɑːjɑ], [ʋɑstɑːnottɑjɑ]
nome (m)	nimi	[nimi]
apelido (m)	sukunimi	[sukuˑnimi]
tarifa (f)	hinta, tariffi	[hintɑ], [tɑriffi]
ordinário	tavallinen	[tɑʋɑllinen]
económico	edullinen	[edullinen]
peso (m)	paino	[pɑjno]
pesar (estabelecer o peso)	punnita	[punnitɑ]
envelope (m)	kirjekuori	[kirjeˑkuori]
selo (m)	postimerkki	[postiˑmerkki]
colar o selo	liimata postimerkki	[liːmɑtɑ postiˑmerkki]

Moradia. Casa. Lar

61. Casa. Eletricidade

eletricidade (f)	sähkö	[sæhkø]
lâmpada (f)	lamppu	[lamppu]
interruptor (m)	kytkin	[kytkin]
fusível (m)	sulake	[sulake]
fio, cabo (m)	johto, johdin	[johto], [johdin]
instalação (f) elétrica	johdotus	[johdotus]
contador (m) de eletricidade	sähkömittari	[sæhkø·mittari]
indicação (f), registo (m)	lukema	[lukema]

62. Moradia. Mansão

casa (f) de campo	maatalo	[mɑ:talo]
vila (f)	huvila	[huʋila]
ala (~ do edifício)	siipi	[si:pi]
jardim (m)	puutarha	[pu:tarha]
parque (m)	puisto	[pujsto]
estufa (f)	talvipuutarha	[talʋi·pu:tarha]
cuidar de ...	hoitaa	[hojta:]
piscina (f)	uima-allas	[ujma·allas]
ginásio (m)	urheiluhalli	[urhejlu·halli]
campo (m) de ténis	tenniskenttä	[tennis·kenttæ]
cinema (m)	elokuvateatteri	[elokuʋa·teatteri]
garagem (f)	autotalli	[auto·talli]
propriedade (f) privada	yksityisomaisuus	[yksityjs·omajsu:s]
terreno (m) privado	yksityisomistukset	[yksityjs·omistukset]
advertência (f)	varoitus	[ʋarojtus]
sinal (m) de aviso	varoituskirjoitus	[ʋarojtus·kirjoitus]
guarda (f)	vartio	[ʋartio]
guarda (m)	vartija	[ʋartija]
alarme (m)	hälytyslaite	[hælytys·lajte]

63. Apartamento

apartamento (m)	asunto	[asunto]
quarto (m)	huone	[huone]
quarto (m) de dormir	makuuhuone	[maku:huone]

sala (f) de jantar	ruokailuhuone	[ruokajlu·huone]
sala (f) de estar	vierashuone	[ʋieras·huone]
escritório (m)	työhuone	[tyø·huone]
antessala (f)	eteinen	[etejnen]
quarto (m) de banho	kylpyhuone	[kylpy·ɦuone]
toilette (lavabo)	vessa	[ʋessa]
teto (m)	sisäkatto	[sisæ·katto]
chão, soalho (m)	lattia	[lattia]
canto (m)	nurkka	[nurkka]

64. Mobiliário. Interior

mobiliário (m)	huonekalut	[huone·kalut]
mesa (f)	pöytä	[pøytæ]
cadeira (f)	tuoli	[tuoli]
cama (f)	sänky	[sæŋky]
divã (m)	sohva	[sohʋa]
cadeirão (m)	nojatuoli	[noja·tuoli]
estante (f)	kaappi	[ka:ppi]
prateleira (f)	hylly	[hylly]
guarda-vestidos (m)	vaatekaappi	[ʋa:te·ka:ppi]
cabide (m) de parede	ripustin	[ripustin]
cabide (m) de pé	naulakko	[naulakko]
cómoda (f)	lipasto	[lipasto]
mesinha (f) de centro	sohvapöytä	[sohʋa·pøjtæ]
espelho (m)	peili	[pejli]
tapete (m)	matto	[matto]
tapete (m) pequeno	pieni matto	[pjeni matto]
lareira (f)	takka	[takka]
vela (f)	kynttilä	[kynttilæ]
castiçal (m)	kynttilänjalka	[kynttilæn·jalka]
cortinas (f pl)	kaihtimet	[kajhtimet]
papel (m) de parede	tapetit	[tapetit]
estores (f pl)	rullaverhot	[rulle·ʋerhot]
candeeiro (m) de mesa	pöytälamppu	[pøytæ·lamppu]
candeeiro (m) de parede	seinävalaisin	[sejna·ʋalajsin]
candeeiro (m) de pé	lattialamppu	[lattia·lamppu]
lustre (m)	kattokruunu	[katto·kru:nu]
pé (de mesa, etc.)	jalka	[jalka]
braço (m)	käsinoja	[kæsi·noja]
costas (f pl)	selkänoja	[selkænoja]
gaveta (f)	vetolaatikko	[ʋeto·la:tikko]

65. Quarto de dormir

roupa (f) de cama	vuodevaatteet	[ʋuode·ʋɑːtteːt]
almofada (f)	tyyny	[tyːny]
fronha (f)	tyynyliina	[tyːny·liːnɑ]
cobertor (m)	peitto, täkki	[pejte], [tækki]
lençol (m)	lakana	[lakɑnɑ]
colcha (f)	peite	[pejte]

66. Cozinha

cozinha (f)	keittiö	[kejttiø]
gás (m)	kaasu	[kɑːsu]
fogão (m) a gás	kaasuliesi	[kɑːsu·liesi]
fogão (m) elétrico	sähköhella	[sæhkø·hellɑ]
forno (m)	paistinuuni	[pɑjstin·uːni]
forno (m) de micro-ondas	mikroaaltouuni	[mikro·ɑːltou·uːni]
frigorífico (m)	jääkaappi	[jæːkɑːppi]
congelador (m)	pakastin	[pɑkɑstin]
máquina (f) de lavar louça	astianpesukone	[ɑstiɑn·pesu·kone]
moedor (m) de carne	lihamylly	[liɦɑ·mylly]
espremedor (m)	mehunpuristin	[meɦun·puristin]
torradeira (f)	leivänpaahdin	[lejʋæn·pɑːhdin]
batedeira (f)	sekoitin	[sekojtin]
máquina (f) de café	kahvinkeitin	[kɑhʋiŋ·kejtin]
cafeteira (f)	kahvipannu	[kɑhʋi·pɑnnu]
moinho (m) de café	kahvimylly	[kɑhʋi·mylly]
chaleira (f)	teepannu	[teːpɑnnu]
bule (m)	teekannu	[teːkɑnnu]
tampa (f)	kansi	[kɑnsi]
coador (m) de chá	teesiivilä	[teːsiːʋilæ]
colher (f)	lusikka	[lusikkɑ]
colher (f) de chá	teelusikka	[teːlusikkɑ]
colher (f) de sopa	ruokalusikka	[ruokɑ·lusikkɑ]
garfo (m)	haarukka	[hɑːrukkɑ]
faca (f)	veitsi	[ʋejtsi]
louça (f)	astiat	[ɑstiɑt]
prato (m)	lautanen	[lɑutɑnen]
pires (m)	teevati	[teːʋɑti]
cálice (m)	shotti, snapsilasi	[shotti], [snɑpsi·lɑsi]
copo (m)	juomalasi	[juomɑ·lɑsi]
chávena (f)	kuppi	[kuppi]
açucareiro (m)	sokeriastia	[sokeri·ɑstiɑ]
saleiro (m)	suola-astia	[suolɑ·ɑstiɑ]
pimenteiro (m)	pippuriastia	[pippuri·ɑstiɑ]

manteigueira (f)	voi astia	[ʋoj astia]
panela, caçarola (f)	kasari, kattila	[kasari], [kattila]
frigideira (f)	pannu	[pannu]
concha (f)	kauha	[kauɦa]
passador (m)	lävikkö	[læʋikkø]
bandeja (f)	tarjotin	[tarjotin]

garrafa (f)	pullo	[pullo]
boião (m) de vidro	lasitölkki	[lasi·tølkki]
lata (f)	purkki	[purkki]

abre-garrafas (m)	pullonavaaja	[pullon·aʋa:ja]
abre-latas (m)	purkinavaaja	[purkin·aʋa:ja]
saca-rolhas (m)	korkkiruuvi	[korkki·ru:ʋi]
filtro (m)	suodatin	[suodatin]
filtrar (vt)	suodattaa	[suodatta:]

lixo (m)	roska, jäte	[roska], [jæte]
balde (m) do lixo	roskasanko	[roska·saŋko]

67. Casa de banho

quarto (m) de banho	kylpyhuone	[kylpy·ɦuone]
água (f)	vesi	[ʋesi]
torneira (f)	hana	[hana]
água (f) quente	kuuma vesi	[ku:ma ʋesi]
água (f) fria	kylmä vesi	[kylmæ ʋesi]

pasta (f) de dentes	hammastahna	[hammas·tahna]
escovar os dentes	harjata hampaita	[harjata hampajta]
escova (f) de dentes	hammasharja	[hammas·harja]

barbear-se (vr)	ajaa parta	[aja: parta]
espuma (f) de barbear	partavaahto	[parta·ʋa:hto]
máquina (f) de barbear	partahöylä	[parta·ɦøylæ]

lavar (vt)	pestä	[pestæ]
lavar-se (vr)	peseytyä	[peseytyæ]
duche (m)	suihku	[sujhku]
tomar um duche	käydä suihkussa	[kæydæ suihkussa]

banheira (f)	amme, kylpyamme	[amme], [kylpyamme]
sanita (f)	vessanpönttö	[ʋessan·pønttø]
lavatório (m)	pesuallas	[pesu·allas]

sabonete (m)	saippua	[sajppua]
saboneteira (f)	saippuakotelo	[sajppua·kotelo]

esponja (f)	pesusieni	[pesu·sieni]
champô (m)	sampoo	[sampo:]
toalha (f)	pyyhe	[py:he]
roupão (m) de banho	kylpytakki	[kylpy·takki]
lavagem (f)	pyykkäys	[py:kkæys]
máquina (f) de lavar	pesukone	[pesu·kone]

lavar a roupa	pestä pyykkiä	[pestæ pyːkkiæ]
detergente (m)	pesujauhe	[pesu·jauhe]

68. Eletrodomésticos

televisor (m)	televisio	[televisio]
gravador (m)	nauhuri	[nauhuri]
videogravador (m)	videonauhuri	[video·nauhuri]
rádio (m)	vastaanotin	[vastaːnotin]
leitor (m)	soitin	[sojtin]
projetor (m)	projektori	[projektori]
cinema (m) em casa	kotiteatteri	[koti·teatteri]
leitor (m) de DVD	DVD-soitin	[devede·sojtin]
amplificador (m)	vahvistin	[vahvistin]
console (f) de jogos	pelikonsoli	[peli·konsoli]
câmara (f) de vídeo	videokamera	[video·kamera]
máquina (f) fotográfica	kamera	[kamera]
câmara (f) digital	digitaalikamera	[digitaːli·kamera]
aspirador (m)	pölynimuri	[pølyn·imuri]
ferro (m) de engomar	silitysrauta	[silitys·rauta]
tábua (f) de engomar	silityslauta	[silitys·lauta]
telefone (m)	puhelin	[puhelin]
telemóvel (m)	matkapuhelin	[matka·puhelin]
máquina (f) de escrever	kirjoituskone	[kirjoitus·kone]
máquina (f) de costura	ompelukone	[ompelu·kone]
microfone (m)	mikrofoni	[mikrofoni]
auscultadores (m pl)	kuulokkeet	[kuːlokkeːt]
controlo remoto (m)	kaukosäädin	[kauko·sæːdin]
CD (m)	CD-levy	[sede·levy]
cassete (f)	kasetti	[kasetti]
disco (m) de vinil	levy, vinyylilevy	[levy], [viny:li·levy]

ATIVIDADES HUMANAS

Emprego. Negócios. Parte 1

69. Escritório. O trabalho no escritório

escritório (~ de advogados)	toimisto	[tojmisto]
escritório (do diretor, etc.)	työhuone	[tyø·huone]
receção (f)	vastaanotto	[ʋɑstɑ:notto]
secretário (m)	sihteeri	[sihte:ri]
diretor (m)	johtaja	[johtɑjɑ]
gerente (m)	manageri	[mɑnɑgeri]
contabilista (m)	kirjanpitäjä	[kirjɑn·pitæjæ]
empregado (m)	työntekijä	[tyøn·tekijæ]
mobiliário (m)	huonekalut	[huone·kɑlut]
mesa (f)	pöytä	[pøytæ]
cadeira (f)	nojatuoli	[nojɑ·tuoli]
bloco (m) de gavetas	laatikosto	[lɑ:tikosto]
cabide (m) de pé	naulakko	[nɑulɑkko]
computador (m)	tietokone	[tieto·kone]
impressora (f)	tulostin	[tulostin]
fax (m)	faksi	[fɑksi]
fotocopiadora (f)	kopiokone	[kopio·kone]
papel (m)	paperi	[pɑperi]
artigos (m pl) de escritório	toimistotarvikkeet	[tojmisto·tɑrʋikke:t]
tapete (m) de rato	hiirimatto	[hi:ri·mɑtto]
folha (f) de papel	arkki	[ɑrkki]
pasta (f)	kansio	[kɑnsio]
catálogo (m)	luettelo	[luettelo]
diretório (f) telefónico	puhelinluettelo	[puɦelin·luettelo]
documentação (f)	asiakirjat	[ɑsiɑ·kirjɑt]
brochura (f)	brosyyri	[brosy:ri]
flyer (m)	lehtinen	[lehtinen]
amostra (f)	malli, näyte	[mɑlli], [næyte]
formação (f)	harjoittelu	[hɑrjoittelu]
reunião (f)	kokous	[kokous]
hora (f) de almoço	ruokatunti	[ruokɑ·tunti]
fazer uma cópia	ottaa kopio	[ottɑ: kopio]
tirar cópias	monistaa, kopioida	[monistɑ:], [kopiojdɑ]
receber um fax	saada faksi	[sɑ:dɑ fɑksi]
enviar um fax	lähettää faksilla	[læɦettæ: fɑksillɑ]
fazer uma chamada	soittaa	[sojttɑ:]

| responder (vt) | vastata | [ʋɑstɑtɑ] |
| passar (vt) | yhdistää puhelu | [yhdistæː puhelu] |

marcar (vt)	järjestää	[jærjestæː]
demonstrar (vt)	esittää	[esittæː]
estar ausente	olla poissa	[ollɑ pojssɑ]
ausência (f)	poissaolo	[pojssɑolo]

70. Processos negociais. Parte 1

negócio (m)	liiketoiminta	[liːketojmintɑ]
ocupação (f)	työ	[tyø]
firma, empresa (f)	yritys, firma	[yritys], [firmɑ]
companhia (f)	yhtiö	[yhtiø]
corporação (f)	korporaatio	[korporɑːtio]
empresa (f)	yritys	[yritys]
agência (f)	toimisto	[tojmisto]

acordo (documento)	sopimus	[sopimus]
contrato (m)	sopimus	[sopimus]
acordo (transação)	kauppa	[kɑuppɑ]
encomenda (f)	tilaus	[tilɑus]
cláusulas (f pl), termos (m pl)	ehto	[ehto]

por grosso (adv)	tukussa	[tukussɑ]
por grosso (adj)	tukku-	[tukku]
venda (f) por grosso	tukkumyynti	[tukkuˑmyːnti]
a retalho	vähittäis-	[ʋæɦittæjs]
venda (f) a retalho	vähittäismyynti	[ʋæɦittæjsˑmyːnti]

concorrente (m)	kilpailija	[kilpɑjlijɑ]
concorrência (f)	kilpailu	[kilpɑjlu]
competir (vi)	kilpailla	[kilpɑjllɑ]

| sócio (m) | partneri | [partneri] |
| parceria (f) | kumppanuus | [kumppɑnuːs] |

crise (f)	kriisi	[kriːsi]
bancarrota (f)	vararikko	[ʋɑrɑˑrikko]
entrar em falência	tehdä vararikko	[tehdæ ʋɑrɑrikko]
dificuldade (f)	vaikeus	[ʋɑjkeus]
problema (m)	ongelma	[oŋelmɑ]
catástrofe (f)	katastrofi	[kɑtɑstrofi]

economia (f)	taloustiede	[tɑlousˑtiede]
económico	taloudellinen	[tɑloudellinen]
recessão (f) económica	taantuma	[tɑːntumɑ]

| objetivo (m) | päämäärä | [pæːmæːræ] |
| tarefa (f) | tehtävä | [tehtæʋæ] |

comerciar (vi, vt)	käydä kauppaa	[kæydæ kɑuppɑː]
rede (de distribuição)	verkko	[ʋerkko]
estoque (m)	varasto	[ʋɑrɑsto]

sortimento (m)	valikoima	[ʋali·kojma]
líder (m)	johtaja	[johtaja]
grande (~ empresa)	suuri	[suːri]
monopólio (m)	monopoli	[monopoli]
teoria (f)	teoria	[teoria]
prática (f)	harjoittelu	[harjoittelu]
experiência (falar por ~)	kokemus	[kokemus]
tendência (f)	tendenssi	[tendenssi]
desenvolvimento (m)	kehitys	[kehitys]

71. Processos negociais. Parte 2

rentabilidade (f)	etu	[etu]
rentável	kannattava	[kannattaʋa]
delegação (f)	valtuuskunta	[ʋaltuːs·kunta]
salário, ordenado (m)	palkka	[palkka]
corrigir (um erro)	korjata	[korjata]
viagem (f) de negócios	työmatka	[tyø·matka]
comissão (f)	provisio	[proʋisio]
controlar (vt)	tarkastaa	[tarkastaː]
conferência (f)	konferenssi	[konferenssi]
licença (f)	lisenssi	[lisenssi]
confiável	luotettava	[luotettaʋa]
empreendimento (m)	aloite	[alojte]
norma (f)	normi	[normi]
circunstância (f)	seikka	[sejkka]
dever (m)	velvollisuus	[velʋollisuːs]
empresa (f)	järjestö	[jærjestø]
organização (f)	järjestely	[jærjestely]
organizado	järjestynyt	[jærjestynyt]
anulação (f)	peruutus	[peruːtus]
anular, cancelar (vt)	peruuttaa	[peruːttaː]
relatório (m)	raportti	[raportti]
patente (f)	patentti	[patentti]
patentear (vt)	patentoida	[patentojda]
planear (vt)	suunnitella	[suːnnitella]
prémio (m)	bonus	[bonus]
profissional	ammatti-	[amatti-]
procedimento (m)	menettely	[menettely]
examinar (a questão)	tarkastella	[tarkastella]
cálculo (m)	laskelma	[laskelma]
reputação (f)	maine	[majne]
risco (m)	riski	[riski]
dirigir (~ uma empresa)	johtaa	[johtaː]
informação (f)	tiedot	[tiedot]

propriedade (f)	omaisuus	[omɑjsu:s]
união (f)	liitto	[li:tto]
seguro (m) de vida	hengen vakuutus	[heŋen vɑku:tus]
fazer um seguro	vakuuttaa	[vɑku:ttɑ:]
seguro (m)	vakuutus	[vɑku:tus]
leilão (m)	huutokauppa	[hu:to·kɑuppɑ]
notificar (vt)	tiedottaa	[tiedottɑ:]
gestão (f)	johtaminen	[johtɑminen]
serviço (indústria de ~s)	palvelus	[pɑlvelus]
fórum (m)	foorumi	[fo:rumi]
funcionar (vi)	toimia	[tojmiɑ]
estágio (m)	vaihe	[vɑjhe]
jurídico	oikeustieteellinen	[ojkeus·tiete:llinen]
jurista (m)	lakimies	[lɑkimies]

72. Produção. Trabalhos

usina (f)	tehdas	[tehdɑs]
fábrica (f)	tehdas	[tehdɑs]
oficina (f)	työpaja	[tyøpɑjɑ]
local (m) de produção	tehdas	[tehdɑs]
indústria (f)	teollisuus	[teollisu:s]
industrial	teollinen	[teollinen]
indústria (f) pesada	raskas teollisuus	[rɑskɑs teollisu:s]
indústria (f) ligeira	kevyt teollisuus	[kevyt teollisu:s]
produção (f)	tuotanto	[tuotɑnto]
produzir (vt)	tuottaa	[tuottɑ:]
matérias-primas (f pl)	raaka-aine	[rɑ:kɑ·ɑjne]
chefe (m) de brigada	työnjohtaja	[tyøn·johtɑjɑ]
brigada (f)	työprikaati	[tyø·prikɑ:ti]
operário (m)	työläinen	[tyølæjnen]
dia (m) de trabalho	työpäivä	[tyø·pæjvæ]
pausa (f)	seisaus	[seisɑus]
reunião (f)	kokous	[kokous]
discutir (vt)	käsitellä	[kæsitellæ]
plano (m)	suunnitelma	[su:nnitelmɑ]
cumprir o plano	täyttää suunnitelma	[tæjttæ: su:nnitelmɑ]
taxa (f) de produção	ulostulonopeus	ulostulo·nopeus
qualidade (f)	laatu, kvaliteetti	[lɑ:tu], [kvɑlite:tti]
controlo (m)	tarkastus	[tɑrkɑstus]
controlo (m) da qualidade	laadunvalvonta	[lɑ:dun·vɑlvontɑ]
segurança (f) no trabalho	työturvallisuus	[tyø·turvɑllisu:s]
disciplina (f)	kuri	[kuri]
infração (f)	rikkomus	[rikkomus]
violar (as regras)	rikkoa	[rikkoɑ]

greve (f)	lakko	[lakko]
grevista (m)	lakkolainen	[lakkolajnen]
estar em greve	lakkoilla	[lakkojlla]
sindicato (m)	ammattiliitto	[ammatti·li:tto]

inventar (vt)	keksiä	[keksiæ]
invenção (f)	keksintö	[keksintø]
pesquisa (f)	tutkimus	[tutkimus]
melhorar (vt)	parantaa	[paranta:]
tecnologia (f)	teknologia	[teknologia]
desenho (m) técnico	piirustus	[pi:rustus]

carga (f)	lasti	[lasti]
carregador (m)	lastaaja	[lasta:ja]
carregar (vt)	kuormata	[kuormata]
carregamento (m)	kuormaamista	[kuorma:mista]
descarregar (vt)	purkaa lasti	[purka: lasti]
descarga (f)	purkamista	[purkamista]

transporte (m)	kulkuneuvot	[kulku·neuvot]
companhia (f) de transporte	kuljetusyhtiö	[kuljetus·yhtiø]
transportar (vt)	kuljettaa	[kuljetta:]

vagão (m) de carga	tavaravaunu	[tavara·vaunu]
cisterna (f)	säiliö	[sæjliø]
camião (m)	kuorma-auto	[kuorma·auto]

máquina-ferramenta (f)	työstökone	[tyøstø·kone]
mecanismo (m)	koneisto	[konejsto]

resíduos (m pl) industriais	teollisuusjäte	[teollisu:s·jæte]
embalagem (f)	pakkaaminen	[pakka:minen]
embalar (vt)	pakata	[pakata]

73. Contrato. Acordo

contrato (m)	sopimus	[sopimus]
acordo (m)	sopimus	[sopimus]
adenda (f), anexo (m)	liite	[li:te]

assinar o contrato	tehdä sopimus	[tehdæ sopimus]
assinatura (f)	allekirjoitus	[alle·kirjoitus]
assinar (vt)	allekirjoittaa	[allekirjoitta:]
carimbo (m)	leima	[lejma]

objeto (m) do contrato	sopimuksen kohde	[sopimuksen kohde]
cláusula (f)	klausuuli	[klausu:li]
partes (f pl)	asianosaiset	[asian·osajset]
morada (f) jurídica	juridinen osoite	[juridinen osojte]

violar o contrato	rikkoa sopimus	[rikkoa sopimus]
obrigação (f)	sitoumus	[sitoumus]
responsabilidade (f)	vastuu	[vastu:]
força (f) maior	ylivoimainen este	[ylivojmajnen este]

| litígio (m), disputa (f) | kiista, väittely | [ki:sta], [væjttely] |
| multas (f pl) | sakkosanktiot | [sakko·saŋktiot] |

74. Importação & Exportação

importação (f)	tuonti	[tuonti]
importador (m)	maahantuoja	[ma:han·tuoja]
importar (vt)	tuoda maahan	[tuoda ma:han]
de importação	tuonti-	[tuonti]

exportação (f)	vienti	[vienti]
exportador (m)	maastaviejä	[ma:staviejæ]
exportar (vt)	viedä maasta	[viedæ ma:sta]
de exportação	vienti-	[vienti]

| mercadoria (f) | tavara | [tavara] |
| lote (de mercadorias) | erä | [eræ] |

peso (m)	paino	[pajno]
volume (m)	tilavuus	[tilavu:s]
metro (m) cúbico	kuutiometri	[ku:tio·metri]

produtor (m)	tuottaja	[tuottaja]
companhia (f) de transporte	liikenneyhtiö	[li:kenne·yhtiø]
contentor (m)	kontti	[kontti]

fronteira (f)	raja	[raja]
alfândega (f)	tulli	[tulli]
taxa (f) alfandegária	tullimaksu	[tulli·maksu]
funcionário (m) da alfândega	tullimies	[tullimies]
contrabando (atividade)	salakuljetus	[sala·kuljetus]
contrabando (produtos)	salakuljetustavara	[sala·kuljetus·tavara]

75. Finanças

ação (f)	osake	[osake]
obrigação (f)	obligaatio	[obliga:tio]
nota (f) promissória	vekseli	[vekseli]

| bolsa (f) | pörssi | [pørssi] |
| cotação (m) das ações | osakekurssi | [osake·kurssi] |

| tornar-se mais barato | halventua | [halventua] |
| tornar-se mais caro | kallistua | [kallistua] |

| parte (f) | osuus | [osu:s] |
| participação (f) maioritária | osake-enemmistö | [osake·enemmistø] |

investimento (m)	investointi	[investojnti]
investir (vt)	investoida	[investojda]
percentagem (f)	prosentti	[prosentti]
juros (m pl)	korko	[korko]

lucro (m)	voitto	[ʋojtto]
lucrativo	kannattava	[kannattaʋa]
imposto (m)	vero	[ʋero]

divisa (f)	valuutta	[ʋalu:tta]
nacional	kansallinen	[kansallinen]
câmbio (m)	vaihto	[ʋajhto]

| contabilista (m) | kirjanpitäjä | [kirjan·pitæjæ] |
| contabilidade (f) | kirjanpito | [kirjan·pito] |

bancarrota (f)	vararikko	[ʋara·rikko]
falência (f)	romahdus	[romahdus]
ruína (f)	perikato	[perikato]
arruinar-se (vr)	joutua perikatoon	[joutua perikato:n]
inflação (f)	inflaatio	[infla:tio]
desvalorização (f)	devalvaatio	[deʋalʋa:tio]

capital (m)	pääoma	[pæ:oma]
rendimento (m)	ansio, tulo	[ansio], [tulo]
volume (m) de negócios	kierto	[kierto]
recursos (m pl)	varat	[ʋarat]
recursos (m pl) financeiros	rahavarat	[raha·ʋarat]
despesas (f pl) gerais	yleiskulut	[ylejskulut]
reduzir (vt)	supistaa	[supista:]

76. Marketing

marketing (m)	markkinointi	[markkinojnti]
mercado (m)	markkinat	[markkinat]
segmento (m) do mercado	markkinoiden segmentti	[markkinojden segmentti]
produto (m)	tuote	[tuote]
mercadoria (f)	tavara	[taʋara]

marca (f)	brändi	[brændi]
marca (f) comercial	tavaramerkki	[taʋara·merkki]
logotipo (m)	logo, liikemerkki	[logo], [li:ke·merkki]
logo (m)	logotyyppi	[logoty:ppi]

| demanda (f) | kysyntä | [kysyntæ] |
| oferta (f) | tarjous | [tarjous] |

| necessidade (f) | tarve | [tarʋe] |
| consumidor (m) | kuluttaja | [kuluttaja] |

| análise (f) | analyysi | [analy:si] |
| analisar (vt) | analysoida | [analysojda] |

| posicionamento (m) | asemointi | [asemojnti] |
| posicionar (vt) | asemoida | [asemojda] |

preço (m)	hinta	[hinta]
política (f) de preços	hintapolitiikka	[hinta·politi:kka]
formação (f) de preços	hinnanmuodostus	[hinnan·muodostus]

77. Publicidade

publicidade (f)	mainos	[majnos]
publicitar (vt)	mainostaa	[majnosta:]
orçamento (m)	budjetti	[budjetti]

anúncio (m) publicitário	mainos	[majnos]
publicidade (f) televisiva	televisiomainos	[televisio·majnos]
publicidade (f) na rádio	radiomainos	[radio·majnos]
publicidade (f) exterior	ulkomainos	[ulko·majnos]

comunicação (f) de massa	joukkotiedotusvälineet	[joukko·tiedotus·ʋæline:t]
periódico (m)	aikakausjulkaisu	[ajkakaus·julkajsu]
imagem (f)	imago	[imago]

slogan (m)	iskulause	[isku·lause]
mote (m), divisa (f)	tunnuslause	[tunnus·lause]

campanha (f)	kampanja	[kampanja]
companha (f) publicitária	mainoskampanja	[majnos·kampanja]
grupo (m) alvo	kohderyhmä	[kohde·ryhmæ]

cartão (m) de visita	nimikortti	[nimi·kortti]
flyer (m)	lehtinen	[lehtinen]
brochura (f)	brosyyri	[brosy:ri]
folheto (m)	kirjanen	[kirjanen]
boletim (~ informativo)	uutiskirje	[u:tis·kirje]

letreiro (m)	kauppakyltti	[kauppa·kyltti]
cartaz, póster (m)	juliste, plakaatti	[juliste], [plaka:tti]
painel (m) publicitário	mainoskilpi	[majnos·kilpi]

78. Banca

banco (m)	pankki	[paŋkki]
sucursal, balcão (f)	osasto	[osasto]

consultor (m)	neuvoja	[neuʋoja]
gerente (m)	johtaja	[johtaja]

conta (f)	tili	[tili]
número (m) da conta	tilinumero	[tili·numero]
conta (f) corrente	käyttötili	[kæyttø·tili]
conta (f) poupança	säästötili	[sæ:stø·tili]

abrir uma conta	avata tili	[aʋata tili]
fechar uma conta	kuolettaa tili	[kuoletta: tili]
depositar na conta	tallettaa rahaa tilille	[talletta: raɦa: tilille]
levantar (vt)	nostaa rahaa tililtä	[nosta: raɦa: tililta]

depósito (m)	talletus	[talletus]
fazer um depósito	tallettaa	[talletta:]
transferência (f) bancária	rahansiirto	[raɦan·si:rto]

transferir (vt)	siirtää	[si:rtæ:]
soma (f)	summa	[summɑ]
Quanto?	paljonko	[pɑljoŋko]
assinatura (f)	allekirjoitus	[ɑlle·kirjoitus]
assinar (vt)	allekirjoittaa	[ɑllekirjoittɑ:]
cartão (m) de crédito	luottokortti	[luotto·kortti]
código (m)	koodi	[ko:di]
número (m) do cartão de crédito	luottokortin numero	[luotto·kortin numero]
Caixa Multibanco (m)	pankkiautomaatti	[pɑŋkki·ɑutomɑ:tti]
cheque (m)	sekki	[sekki]
passar um cheque	kirjoittaa sekki	[kirjoittɑ: sekki]
livro (m) de cheques	sekkivihko	[sekki·uihko]
empréstimo (m)	laina	[lɑjnɑ]
pedir um empréstimo	hakea lainaa	[hɑkeɑ lɑjnɑ:]
obter um empréstimo	saada lainaa	[sɑ:dɑ lɑjnɑ:]
conceder um empréstimo	antaa lainaa	[ɑntɑ: lɑjnɑ:]
garantia (f)	takuu	[tɑku:]

79. Telefone. Conversação telefónica

telefone (m)	puhelin	[puɦelin]
telemóvel (m)	matkapuhelin	[mɑtkɑ·puɦelin]
secretária (f) electrónica	puhelinvastaaja	[puɦelin·uɑstɑ:jɑ]
fazer uma chamada	soittaa	[sojttɑ:]
chamada (f)	soitto, puhelu	[sojtto], [puɦelu]
marcar um número	valita numero	[uɑlitɑ numero]
Alô!	Hei!	[hej]
perguntar (vt)	kysyä	[kysyæ]
responder (vt)	vastata	[uɑstɑtɑ]
ouvir (vt)	kuulla	[ku:llɑ]
bem	hyvin	[hyuin]
mal	huonosti	[huonosti]
ruído (m)	häiriöt	[hæjriøt]
auscultador (m)	kuuloke	[ku:loke]
pegar o telefone	nostaa luuri	[nostɑ: lu:ri]
desligar (vi)	lopettaa puhelu	[lopettɑ: puɦelu]
ocupado	varattu	[uɑrɑttu]
tocar (vi)	soittaa	[sojttɑ:]
lista (f) telefónica	puhelinluettelo	[puɦelin·luettelo]
local	paikallis-	[pɑjkɑllis]
chamada (f) local	paikallispuhelu	[pɑjkɑllis·puɦelu]
de longa distância	kauko-	[kɑuko]
chamada (f) de longa distância	kaukopuhelu	[kɑuko·puɦelu]

internacional	ulkomaa	[ulkomɑ:]
chamada (f) internacional	ulkomaanpuhelu	[ulkomɑ:n·puɦelu]

80. Telefone móvel

telemóvel (m)	matkapuhelin	[mɑtkɑ·puɦelin]
ecrã (m)	näyttö	[næyttø]
botão (m)	näppäin	[næppæjn]
cartão SIM (m)	SIM-kortti	[sim·kortti]
bateria (f)	paristo	[pɑristo]
descarregar-se	olla tyhjä	[ollɑ tyhjæ]
carregador (m)	laturi	[lɑturi]
menu (m)	valikko	[ʋɑlikko]
definições (f pl)	asetukset	[ɑsetukset]
melodia (f)	melodia	[melodiɑ]
escolher (vt)	valita	[ʋɑlitɑ]
calculadora (f)	laskin	[lɑskin]
correio (m) de voz	puhelinvastaaja	[puɦelin·ʋɑstɑ:jɑ]
despertador (m)	herätyskello	[herætys·kello]
contatos (m pl)	puhelinluettelo	[puɦelin·luettelo]
mensagem (f) de texto	tekstiviesti	[teksti·ʋiesti]
assinante (m)	tilaaja	[tilɑ:jɑ]

81. Estacionário

caneta (f)	täytekynä	[tæyte·kynæ]
caneta (f) tinteiro	sulkakynä	[sulkɑ·kynæ]
lápis (m)	lyijykynä	[lyjy·kynæ]
marcador (m)	korostuskynä	[korostus·kynæ]
caneta (f) de feltro	huopakynä	[huopɑ·kynæ]
bloco (m) de notas	lehtiö	[lehtiø]
agenda (f)	päiväkirja	[pæjʋæ·kirjɑ]
régua (f)	viivoitin	[ʋi:ʋojtin]
calculadora (f)	laskin	[lɑskin]
borracha (f)	kumi	[kumi]
pionés (m)	nasta	[nɑstɑ]
clipe (m)	paperiliitin	[pɑperi·li:tin]
cola (f)	liima	[li:mɑ]
agrafador (m)	nitoja	[nitojɑ]
furador (m)	rei'itin	[rej·itin]
afia-lápis (m)	teroitin	[terojtin]

82. Tipos de negócios

serviços (m pl) de contabilidade	kirjanpitopalvelut	[kirjan·pito·palvelut]
publicidade (f)	mainos	[majnos]
agência (f) de publicidade	mainostoimisto	[majnos·tojmisto]
ar (m) condicionado	ilmastointilaitteet	[ilmastojnti·lajtte:t]
companhia (f) aérea	lentoyhtiö	[lento·yhtiø]
bebidas (f pl) alcoólicas	alkoholijuomat	[alkoñoli·juomat]
comércio (m) de antiguidades	antikvariaatti	[antikvaria:tti]
galeria (f) de arte	taidegalleria	[taide·galleria]
serviços (m pl) de auditoria	tilintarkastuspalvelut	[tilin·tarkastus·palvelut]
negócios (m pl) bancários	pankkitoiminta	[paŋkki·tojminta]
bar (m)	baari	[ba:ri]
salão (m) de beleza	kauneushoitola	[kauneus·hojtola]
livraria (f)	kirjakauppa	[kirja·kauppa]
cervejaria (f)	olutpanimo	[olut·panimo]
centro (m) de escritórios	liiketoimisto	[li:ke·tojmisto]
escola (f) de negócios	liikekoulu	[li:ke·koulu]
casino (m)	kasino	[kasino]
construção (f)	rakennusala	[rakennus·ala]
serviços (m pl) de consultoria	neuvola	[neuvola]
estomatologia (f)	hammashoito	[hammas·hojto]
design (m)	muotoilu	[muotojlu]
farmácia (f)	apteekki	[apte:kki]
lavandaria (f)	kemiallinen pesu	[kemiallinen pesu]
agência (f) de emprego	henkilöstön valintatoimisto	[heŋkiløstøn valinta·tojmisto]
serviços (m pl) financeiros	rahoituspalvelut	[rañojtus·palvelut]
alimentos (m pl)	ruokatavarat	[ruoka·tavarat]
agência (f) funerária	hautaustoimisto	[hautaus·tojmisto]
mobiliário (m)	huonekalut	[huone·kalut]
roupa (f)	vaatteet	[va:tte:t]
hotel (m)	hotelli	[hotelli]
gelado (m)	jäätelö	[jæ:telø]
indústria (f)	teollisuus	[teollisu:s]
seguro (m)	vakuutus	[vaku:tus]
internet (f)	internet, netti	[internet], [netti]
investimento (m)	investointi	[investojnti]
joalheiro (m)	kultaseppä	[kulta·seppæ]
joias (f pl)	koruesineet	[koruesine:t]
lavandaria (f)	pesula	[pesula]
serviços (m pl) jurídicos	oikeudelliset palvelut	[ojkeudelliset palvelut]
indústria (f) ligeira	kevyt teollisuus	[kevyt teollisu:s]
revista (f)	aikakauslehti	[ajkakaus·lehti]
vendas (f pl) por catálogo	postiluettelokauppa	[posti·luettelo·kauppa]
medicina (f)	lääketiede	[læ:ke·tiede]

cinema (m)	elokuvateatteri	[elokuʋa·teatteri]
museu (m)	museo	[museo]

agência (f) de notícias	tietotoimisto	[tieto·tojmisto]
jornal (m)	lehti	[lehti]
clube (m) noturno	yökerho	[yø·kerho]

petróleo (m)	öljy	[øljy]
serviço (m) de encomendas	lähetintoimisto	[læɦetin·tojmisto]
indústria (f) farmacêutica	farmasia	[farmasia]
poligrafia (f)	kirjapainoala	[kirja·pajno·ala]
editora (f)	kustantamo	[kustantamo]

rádio (m)	radio	[radio]
imobiliário (m)	kiinteistö	[ki:ntejstø]
restaurante (m)	ravintola	[raʋintola]

empresa (f) de segurança	vartioimisliike	[ʋartiojmis·li:ke]
desporto (m)	urheilu	[urhejlu]
bolsa (f)	pörssi	[pørssi]
loja (f)	kauppa	[kauppa]
supermercado (m)	supermarketti	[super·marketti]
piscina (f)	uima-allas	[ujma·allas]

alfaiataria (f)	ateljee	[atelje:]
televisão (f)	televisio	[teleʋisio]
teatro (m)	teatteri	[teatteri]
comércio (atividade)	kauppa	[kauppa]
serviços (m pl) de transporte	kuljetukset	[kuljetukset]
viagens (f pl)	matkailu	[matkajlu]

veterinário (m)	eläinlääkäri	[elæjn·læ:kari]
armazém (m)	varasto	[ʋarasto]
recolha (f) do lixo	roskien vienti	[roskien ʋienti]

Emprego. Negócios. Parte 2

83. Espetáculo. Feira

feira (f)	näyttely	[næyttely]
feira (f) comercial	kauppanäyttely	[kauppa·næyttely]
participação (f)	osallistuminen	[osallistuminen]
participar (vi)	osallistua	[osallistua]
participante (m)	näytteilleasettajalle	[næyttelle·asettajalle]
diretor (m)	johtaja	[johtaja]
direção (f)	näyttelytoimikunta	[næyttely·tojmikunta]
organizador (m)	järjestäjä	[jærjestæjæ]
organizar (vt)	järjestää	[jærjestæ:]
ficha (f) de inscrição	ilmoittautumislomake	[ilmojttautumis·lomake]
preencher (vt)	täyttää	[tæyttæ:]
detalhes (m pl)	yksityiskohdat	[yksityjs·kohdat]
informação (f)	tiedot	[tiedot]
preço (m)	hinta	[hinta]
incluindo	sisältäen	[sisæltæen]
incluir (vt)	sisältää	[sisæltæ:]
pagar (vt)	maksaa	[maksa:]
taxa (f) de inscrição	rekisteröintimaksu	[rekisterøjnti·maksu]
entrada (f)	sisäänkäynti	[sisæ:n·kæynti]
pavilhão (m)	näyttelysali, paviljonki	[næyttely·sali], [pauiljoŋki]
inscrever (vt)	rekisteröidä	[rekisterøjdæ]
crachá (m)	nimikortti	[nimi·kortti]
stand (m)	osasto	[osasto]
reservar (vt)	varata	[uarata]
vitrina (f)	lasikko	[lasikko]
foco, spot (m)	valo, valaisin	[ualo], [ualajsin]
design (m)	muotoilu	[muotojlu]
pôr, colocar (vt)	sijoittaa	[sijoitta:]
distribuidor (m)	jakelija	[jakelija]
fornecedor (m)	toimittaja	[tojmittaja]
fornecer (vt)	toimittaa	[tojmitta:]
país (m)	maa	[ma:]
estrangeiro	ulkomainen	[ulkomajnen]
produto (m)	tuote	[tuote]
associação (f)	yhdistys	[yhdistys]
sala (f) de conferências	kokoussali	[kokous·sali]

congresso (m)	kongressi	[koŋressi]
concurso (m)	kilpailu	[kilpɑjlu]
visitante (m)	kävijä	[kæʋijæ]
visitar (vt)	käydä	[kæydæ]
cliente (m)	asiakas	[ɑsiɑkɑs]

84. Ciência. Investigação. Cientistas

ciência (f)	tiede	[tiede]
científico	tieteellinen	[tiete:llinen]
cientista (m)	tiedemies	[tiedemies]
teoria (f)	teoria	[teoriɑ]
axioma (m)	aksiomi	[ɑksiomi]
análise (f)	analyysi	[ɑnɑly:si]
analisar (vt)	analysoida	[ɑnɑlysojdɑ]
argumento (m)	argumentti	[ɑrgumentti]
substância (f)	aine	[ɑjne]
hipótese (f)	hypoteesi	[hypote:si]
dilema (m)	dilemma	[dilemmɑ]
tese (f)	väitöskirja	[ʋæjtøs·kirjɑ]
dogma (m)	dogmi	[dogmi]
doutrina (f)	doktriini, oppi	[doktri:ni], [oppi]
pesquisa (f)	tutkimus	[tutkimus]
pesquisar (vt)	tutkia	[tutkiɑ]
teste (m)	tarkastus	[tɑrkɑstus]
laboratório (m)	laboratorio	[lɑborɑtorio]
método (m)	metodi	[metodi]
molécula (f)	molekyyli	[moleky:li]
monitoramento (m)	valvonta	[ʋɑlʋontɑ]
descoberta (f)	löytö	[løytø]
postulado (m)	olettamus	[olettɑmus]
princípio (m)	periaate	[periɑ:te]
prognóstico (previsão)	ennustus	[ennustus]
prognosticar (vt)	ennustaa	[ennustɑ:]
síntese (f)	synteesi	[synte:si]
tendência (f)	tendenssi	[tendenssi]
teorema (m)	lause, teoreema	[lɑuse], [teore:mɑ]
ensinamentos (m pl)	opetukset	[opetukset]
facto (m)	tosiasia	[tosiɑsiɑ]
expedição (f)	löytöretki	[løytø·retki]
experiência (f)	koe	[koe]
académico (m)	akateemikko	[ɑkɑte:mikko]
bacharel (m)	kandidaatti	[kɑndidɑ:tti]
doutor (m)	tohtori	[tohtori]
docente (m)	dosentti	[dosentti]

mestre (m)	**maisteri**	[mɑjsteri]
professor (m) catedrático	**professori**	[professori]

Profissões e ocupações

85. Procura de emprego. Demissão

trabalho (m)	työ	[tyø]
equipa (f)	henkilökunta	[heŋkilø·kunta]
pessoal (m)	henkilöstö	[heŋkiløstø]
carreira (f)	ura	[ura]
perspetivas (f pl)	mahdollisuudet	[mahdollisu:det]
mestria (f)	mestaruus	[mestaru:s]
seleção (f)	valinta	[ʋalinta]
agência (f) de emprego	työvoimatoimisto	[tyøʋojma·tojmisto]
CV, currículo (m)	ansioluettelo	[ansio·luettelo]
entrevista (f) de emprego	työhaastattelu	[tyø·ha:stattelu]
vaga (f)	vakanssi	[ʋakanssi]
salário (m)	palkka	[palkka]
salário (m) fixo	kiinteä palkka	[ki:nteæ palkka]
pagamento (m)	maksu	[maksu]
posto (m)	virka	[ʋirka]
dever (do empregado)	velvollisuus	[ʋelʋollisu:s]
gama (f) de deveres	velvollisuudet	[ʋelʋollisu:det]
ocupado	varattu	[ʋarattu]
despedir, demitir (vt)	antaa potkut	[anta: potkut]
demissão (f)	irtisanominen	[irtisanominen]
desemprego (m)	työttömyys	[tyøttømy:s]
desempregado (m)	työtön	[tyøtøn]
reforma (f)	eläke	[elæke]
reformar-se	jäädä eläkkeelle	[jæ:dæ elække:lle]

86. Gente de negócios

diretor (m)	johtaja	[johtaja]
gerente (m)	johtaja	[johtaja]
patrão, chefe (m)	esimies	[esimies]
superior (m)	päällikkö	[pæ:llikkø]
superiores (m pl)	esimiehet	[esimiehet]
presidente (m)	presidentti	[presidentti]
presidente (m) de direção	puheenjohtaja	[puɦe:n·johtaja]
substituto (m)	sijainen	[sijainen]
assistente (m)	apulainen	[apulajnen]

secretário (m)	sihteeri	[sihte:ri]
secretário (m) pessoal	henkilökohtainen avustaja	[heŋkylø·kohtajnen auustaja]
homem (m) de negócios	liikemies	[li:kemies]
empresário (m)	yrittäjä	[yrittæjæ]
fundador (m)	perustaja	[perustaja]
fundar (vt)	perustaa	[perusta:]
fundador, sócio (m)	perustaja	[perustaja]
parceiro, sócio (m)	partneri	[partneri]
acionista (m)	osakkeenomistaja	[osakke:n·omistaja]
milionário (m)	miljonääri	[miljonæ:ri]
bilionário (m)	miljardööri	[miljardø:ri]
proprietário (m)	omistaja	[omistaja]
proprietário (m) de terras	maanomistaja	[ma:n·omistaja]
cliente (m)	asiakas	[asiakas]
cliente (m) habitual	vakituinen asiakas	[uakitujnen asiakas]
comprador (m)	ostaja	[ostaja]
visitante (m)	kävijä	[kæuijæ]
profissional (m)	ammattilainen	[ammattilajnen]
perito (m)	asiantuntija	[asiantuntija]
especialista (m)	asiantuntija	[asiantuntija]
banqueiro (m)	pankkiiri	[paŋkki:ri]
corretor (m)	pörssimeklari	[pørssi·meklari]
caixa (m, f)	kassanhoitaja	[kassan·hojtaja]
contabilista (m)	kirjanpitäjä	[kirjan·pitæjæ]
guarda (m)	vartija	[uartija]
investidor (m)	sijoittaja	[sijoittaja]
devedor (m)	velallinen	[uelallinen]
credor (m)	luotonantaja	[luoton·antaja]
mutuário (m)	lainanottaja	[lajnan·ottaja]
importador (m)	maahantuoja	[ma:han·tuoja]
exportador (m)	maastaviejä	[ma:staviejæ]
produtor (m)	tuottaja	[tuottaja]
distribuidor (m)	jakelija	[jakelija]
intermediário (m)	välittäjä	[uælittæjæ]
consultor (m)	neuvoja	[neuuoja]
representante (m)	edustaja	[edustaja]
agente (m)	asiamies	[asiamies]
agente (m) de seguros	vakuutusasiamies	[uaku:tus·asiamies]

87. Profissões de serviços

cozinheiro (m)	kokki	[kokki]
cozinheiro chefe (m)	keittiömestari	[kejttiø·mestari]

padeiro (m)	leipuri	[lejpuri]
barman (m)	baarimestari	[bɑ:ri·mestari]
empregado (m) de mesa	tarjoilija	[tarjoilija]
empregada (f) de mesa	tarjoilijatar	[tarjoilijatar]

advogado (m)	asianajaja	[asianajaja]
jurista (m)	lakimies	[lakimies]
notário (m)	notaari	[notɑ:ri]

eletricista (m)	sähkömies	[sæhkømies]
canalizador (m)	putkimies	[putkimies]
carpinteiro (m)	kirvesmies	[kirʋesmies]

massagista (m)	hieroja	[hieroja]
massagista (f)	naishieroja	[najs·hieroja]
médico (m)	lääkäri	[læ:kæri]

taxista (m)	taksinkuljettaja	[taksiŋ·kuljettaja]
condutor (automobilista)	kuljettaja	[kuljettaja]
entregador (m)	kuriiri	[kuri:ri]

camareira (f)	huonesiivooja	[huone·si:ʋo:ja]
guarda (m)	vartija	[ʋartija]
hospedeira (f) de bordo	lentoemäntä	[lento·emæntæ]

professor (m)	opettaja	[opettaja]
bibliotecário (m)	kirjastonhoitaja	[kirjaston·hojtaja]
tradutor (m)	kääntäjä	[kæ:ntæjæ]
intérprete (m)	tulkki	[tulkki]
guia (pessoa)	opas	[opɑs]

cabeleireiro (m)	parturi	[parturi]
carteiro (m)	postinkantaja	[postiŋ·kantaja]
vendedor (m)	myyjä	[my:jæ]

jardineiro (m)	puutarhuri	[pu:tarhuri]
criado (m)	palvelija	[palʋelija]
criada (f)	sisäkkö	[sisækkø]
empregada (f) de limpeza	siivooja	[si:ʋo:ja]

88. Profissões militares e postos

soldado (m) raso	sotamies	[sotamies]
sargento (m)	kersantti	[kersantti]
tenente (m)	luutnantti	[lu:tnantti]
capitão (m)	kapteeni	[kapte:ni]

major (m)	majuri	[majuri]
coronel (m)	eversti	[eʋersti]
general (m)	kenraali	[kenrɑ:li]
marechal (m)	marsalkka	[marsalkka]
almirante (m)	amiraali	[amirɑ:li]
militar (m)	sotilashenkilö	[sotilas·heŋkilø]
soldado (m)	sotilas	[sotilas]

oficial (m)	upseeri	[upse:ri]
comandante (m)	komentaja	[komentaja]
guarda (m) fronteiriço	rajavartija	[raja·uartija]
operador (m) de rádio	radisti	[radisti]
explorador (m)	tiedustelija	[tiedustelija]
sapador (m)	pioneeri	[pione:ri]
atirador (m)	ampuja	[ampuja]
navegador (m)	perämies	[peræmies]

89. Oficiais. Padres

rei (m)	kuningas	[kuniŋas]
rainha (f)	kuningatar	[kuniŋatar]
príncipe (m)	prinssi	[prinssi]
princesa (f)	prinsessa	[prinsessa]
czar (m)	tsaari	[tsɑ:ri]
czarina (f)	tsaaritar	[tsɑ:ritar]
presidente (m)	presidentti	[presidentti]
ministro (m)	ministeri	[ministeri]
primeiro-ministro (m)	pääministeri	[pæ:ministeri]
senador (m)	senaattori	[senɑ:ttori]
diplomata (m)	diplomaatti	[diplomɑ:tti]
cônsul (m)	konsuli	[konsuli]
embaixador (m)	suurlähettiläs	[su:r·læɦettilæs]
conselheiro (m)	neuvos	[neuvos]
funcionário (m)	virkamies	[uirkamies]
prefeito (m)	prefekti	[prefekti]
Presidente (m) da Câmara	kaupunginjohtaja	[kaupuŋin·johtaja]
juiz (m)	tuomari	[tuomari]
procurador (m)	syyttäjä	[sy:ttæjæ]
missionário (m)	lähetystyöntekijä	[læɦetys·tyøntekija]
monge (m)	munkki	[muŋkki]
abade (m)	apotti	[apotti]
rabino (m)	rabbi	[rabbi]
vizir (m)	visiiri	[uisi:ri]
xá (m)	šaahi	[ʃɑ:hi]
xeque (m)	šeikki	[ʃejkki]

90. Profissões agrícolas

apicultor (m)	mehiläishoitaja	[meɦilæjs·hojtaja]
pastor (m)	paimen	[pajmen]
agrónomo (m)	agronomi	[agronomi]

criador (m) de gado / karjanhoitaja / [karjan·hojtaja]
veterinário (m) / eläinlääkäri / [elæjn·læ:kari]

agricultor (m) / farmari / [farmari]
vinicultor (m) / viininvalmistaja / [ʋi:nin·ʋalmistaja]
zoólogo (m) / eläintieteilijä / [elæjn·tietejlijæ]
cowboy (m) / cowboy / [kauboj]

91. Profissões artísticas

ator (m) / näyttelijä / [næyttelijæ]
atriz (f) / näyttelijätär / [næyttelijætær]

cantor (m) / laulaja / [laulaja]
cantora (f) / laulaja / [laulaja]

bailarino (m) / tanssija / [tanssija]
bailarina (f) / tanssijatar / [tanssijatar]

artista (m) / näyttelijä / [næyttelijæ]
artista (f) / näyttelijätär / [næyttelijætær]

músico (m) / muusikko / [mu:sikko]
pianista (m) / pianisti / [pianisti]
guitarrista (m) / kitaransoittaja / [kitaran·sojttaja]

maestro (m) / kapellimestari / [kapelli·mestari]
compositor (m) / säveltäjä / [sæʋeltæjæ]
empresário (m) / impressaari / [impressa:ri]

realizador (m) / ohjaaja / [ohja:ja]
produtor (m) / elokuvatuottaja / [elokuʋa·tuottaja]
argumentista (m) / käsikirjoittaja / [kæsi·kirjoittaja]
crítico (m) / arvostelija / [arʋostelija]

escritor (m) / kirjailija / [kirjailija]
poeta (m) / runoilija / [runojlija]
escultor (m) / kuvanveistäjä / [kuʋan·ʋejstæjæ]
pintor (m) / taiteilija / [tajtejlija]

malabarista (m) / jonglööri / [joŋlø:ri]
palhaço (m) / klovni / [klouni]
acrobata (m) / akrobaatti / [akroba:tti]
mágico (m) / taikuri / [tajkuri]

92. Várias profissões

médico (m) / lääkäri / [læ:kæri]
enfermeira (f) / sairaanhoitaja / [sajra:n·hojtaja]
psiquiatra (m) / psykiatri / [psykiatri]
estomatologista (m) / hammaslääkäri / [hammas·læ:kæri]
cirurgião (m) / kirurgi / [kirurgi]

astronauta (m)	astronautti	[astronautti]
astrónomo (m)	tähtitieteilijä	[tæhti·tietejlijæ]
piloto (m)	lentäjä	[lentæjæ]
motorista (m)	kuljettaja	[kuljettaja]
maquinista (m)	junankuljettaja	[yneŋ·kuljettaja]
mecânico (m)	mekaanikko	[meka:nikko]
mineiro (m)	kaivosmies	[kajʋosmies]
operário (m)	työläinen	[tyølæjnen]
serralheiro (m)	lukkoseppä	[lukko·seppæ]
marceneiro (m)	puuseppä	[pu:seppæ]
torneiro (m)	sorvari	[sorʋari]
construtor (m)	rakentaja	[rakentaja]
soldador (m)	hitsari	[hitsari]
professor (m) catedrático	professori	[professori]
arquiteto (m)	arkkitehti	[arkkitehti]
historiador (m)	historioitsija	[historiojtsija]
cientista (m)	tiedemies	[tiedemies]
físico (m)	fyysikko	[fy:sikko]
químico (m)	kemisti	[kemisti]
arqueólogo (m)	arkeologi	[arkeologi]
geólogo (m)	geologi	[geologi]
pesquisador (cientista)	tutkija	[tutkija]
babysitter (f)	lastenhoitaja	[lasten·hojtaja]
professor (m)	pedagogi	[pedagogi]
redator (m)	toimittaja	[tojmittaja]
redator-chefe (m)	päätoimittaja	[pæ:tojmittaja]
correspondente (m)	kirjeenvaihtaja	[kirje:n·ʋajhtaja]
datilógrafa (f)	konekirjoittaja	[kone·kirjoittaja]
designer (m)	muotoilija	[muotojlija]
especialista (m) em informática	tietokoneasiantuntija	[tietokone·asiantuntija]
programador (m)	ohjelmoija	[ohjelmoja]
engenheiro (m)	insinööri	[insinø:ri]
marujo (m)	merimies	[merimies]
marinheiro (m)	matruusi	[matru:si]
salvador (m)	pelastaja	[pelastaja]
bombeiro (m)	palomies	[palomies]
polícia (m)	poliisi	[poli:si]
guarda-noturno (m)	vahti	[ʋahti]
detetive (m)	etsivä	[etsiʋæ]
funcionário (m) da alfândega	tullimies	[tullimies]
guarda-costas (m)	henkivartija	[heŋki·ʋartija]
guarda (m) prisional	vanginvartija	[ʋaŋin·ʋartija]
inspetor (m)	tarkastaja	[tarkastaja]
desportista (m)	urheilija	[urhejlija]
treinador (m)	valmentaja	[ʋalmentaja]

talhante (m)	lihanleikkaaja	[lihan·lejkka:ja]
sapateiro (m)	suutari	[su:tari]
comerciante (m)	kauppias	[kauppjas]
carregador (m)	lastaaja	[lasta:ja]
estilista (m)	muotisuunnittelija	[muoti·su:nnittelija]
modelo (f)	malli	[malli]

93. Ocupações. Estatuto social

aluno, escolar (m)	koululainen	[koululajnen]
estudante (~ universitária)	ylioppilas	[yli·oppilas]
filósofo (m)	filosofi	[filosofi]
economista (m)	taloustieteilijä	[talous·tietejlijæ]
inventor (m)	keksijä	[keksijæ]
desempregado (m)	työtön	[tyøtøn]
reformado (m)	eläkeläinen	[elækelæjnen]
espião (m)	vakoilija	[ʋakojlija]
preso (m)	vanki	[ʋaŋki]
grevista (m)	lakkolainen	[lakkolajnen]
burocrata (m)	byrokraatti	[byrokra:tti]
viajante (m)	matkailija	[matkajlija]
homossexual (m)	homoseksuaali	[homoseksua:li]
hacker (m)	hakkeri	[hakkeri]
hippie	hippi	[hippi]
bandido (m)	rosvo	[rosʋo]
assassino (m) a soldo	salamurhaaja	[sala·murha:ja]
toxicodependente (m)	narkomaani	[narkoma:ni]
traficante (m)	huumekauppias	[hu:me·kauppias]
prostituta (f)	prostituoitu	[prostituojtu]
chulo (m)	sutenööri	[sutenø:ri]
bruxo (m)	noita	[nojta]
bruxa (f)	noita	[nojta]
pirata (m)	merirosvo	[meri·rosʋo]
escravo (m)	orja	[orja]
samurai (m)	samurai	[samuraj]
selvagem (m)	villi-ihminen	[ʋilli·ihminen]

Educação

94. Escola

escola (f)	koulu	[koulu]
diretor (m) de escola	rehtori	[rehtori]
aluno (m)	oppilas	[oppilas]
aluna (f)	tyttöoppilas	[tyttø·oppilas]
escolar (m)	koululainen	[koululajnen]
escolar (f)	koululainen	[koululajnen]
ensinar (vt)	opettaa	[opetta:]
aprender (vt)	opetella	[opetella]
aprender de cor	opetella ulkoa	[opetella ulkoa]
estudar (vi)	opiskella	[opiskella]
andar na escola	käydä koulua	[kæydæ koulua]
ir à escola	mennä kouluun	[mennæ koulu:n]
alfabeto (m)	aakkoset	[a:kkoset]
disciplina (f)	oppiaine	[oppiajne]
sala (f) de aula	luokka	[luokka]
lição (f)	tunti	[tunti]
recreio (m)	välitunti	[ʋæli·tunti]
toque (m)	soitto	[sojtto]
carteira (f)	pulpetti	[pulpetti]
quadro (m) negro	liitutaulu	[li:tu·taulu]
nota (f)	arvosana	[arʋosana]
boa nota (f)	hyvä arvosana	[hyʋæ arʋosana]
nota (f) baixa	huono arvosana	[huono arʋosana]
dar uma nota	merkitä arvosana	[merkitæ arʋosana]
erro (m)	virhe	[ʋirhe]
fazer erros	tehdä virheet	[tehdæ ʋirhe:t]
corrigir (vt)	korjata	[korjata]
cábula (f)	lunttilappu	[luntti·lappu]
dever (m) de casa	kotitehtävä	[koti·tehtæʋæ]
exercício (m)	harjoitus	[harjoitus]
estar presente	olla läsnä	[olla læsnæ]
estar ausente	olla poissa	[olla pojssa]
punir (vt)	rangaista	[raŋajsta]
punição (f)	rangaistus	[raŋajstus]
comportamento (m)	käytös	[kæytøs]

boletim (m) escolar	oppilaan päiväkirja	[oppila:n pæjʋæ·kirja]
lápis (m)	lyijykynä	[lyjy·kynæ]
borracha (f)	kumi	[kumi]
giz (m)	liitu	[li:tu]
estojo (m)	kynäkotelo	[kynæ·kotelo]

pasta (f) escolar	salkku	[salkku]
caneta (f)	kynä	[kynæ]
caderno (m)	vihko	[ʋihko]
manual (m) escolar	oppikirja	[oppi·kirja]
compasso (m)	harppi	[harppi]

| traçar (vt) | piirtää | [pi:rtæ:] |
| desenho (m) técnico | piirustus | [pi:rustus] |

poesia (f)	runo	[runo]
de cor	ulkoa	[ulkoa]
aprender de cor	opetella ulkoa	[opetella ulkoa]

| férias (f pl) | loma | [loma] |
| estar de férias | olla lomalla | [olla lomalla] |

teste (m)	kirjallinen koe	[kirjallinen koe]
composição, redação (f)	ainekirjoitus	[ajne·kirjoitus]
ditado (m)	sanelu	[sanelu]

exame (m)	koe	[koe]
fazer exame	tenttiä	[tenttiæ]
experiência (~ química)	koe	[koe]

95. Colégio. Universidade

academia (f)	akatemia	[akatemia]
universidade (f)	yliopisto	[yli·opisto]
faculdade (f)	tiedekunta	[tiede·kunta]

estudante (m)	opiskelija	[opiskelija]
estudante (f)	opiskelija	[opiskelija]
professor (m)	opettaja	[opettaja]

| sala (f) de palestras | luentosali | [luento·sali] |
| graduado (m) | valmistunut | [ʋalmistunut] |

| diploma (m) | diplomi | [diplomi] |
| tese (f) | väitöskirja | [ʋæjtøs·kirja] |

| estudo (obra) | tutkimus | [tutkimus] |
| laboratório (m) | laboratorio | [laboratorio] |

| palestra (f) | luento | [luento] |
| colega (m) de curso | kurssitoveri | [kurssi·toʋeri] |

| bolsa (f) de estudos | opintotuki | [opinto·tuki] |
| grau (m) académico | oppiarvo | [oppi·arʋo] |

96. Ciências. Disciplinas

matemática (f)	matematiikka	[matemati:kka]
álgebra (f)	algebra	[algebra]
geometria (f)	geometria	[geometria]
astronomia (f)	tähtitiede	[tæhti·tiede]
biologia (f)	biologia	[biologia]
geografia (f)	maantiede	[ma:n·tiede]
geologia (f)	geologia	[geologia]
história (f)	historia	[historia]
medicina (f)	lääketiede	[læ:ke·tiede]
pedagogia (f)	pedagogiikka	[pedagogi:kka]
direito (m)	oikeustiede	[ojkeus·tiede]
física (f)	fysiikka	[fysi:kka]
química (f)	kemia	[kemia]
filosofia (f)	filosofia	[filosofia]
psicologia (f)	psykologia	[psykologia]

97. Sistema de escrita. Ortografia

gramática (f)	kielioppi	[kieli·oppi]
vocabulário (m)	sanasto	[sanasto]
fonética (f)	fonetiikka	[foneti:kka]
substantivo (m)	substantiivi	[substanti:ʋi]
adjetivo (m)	adjektiivi	[adjekti:ʋi]
verbo (m)	verbi	[ʋerbi]
advérbio (m)	adverbi	[adʋerbi]
pronome (m)	pronomini	[pronomini]
interjeição (f)	interjektio	[interjektio]
preposição (f)	prepositio	[prepositio]
raiz (f) da palavra	sanan vartalo	[sanan ʋartalo]
terminação (f)	pääte	[pæ:te]
prefixo (m)	etuliite	[etuli:te]
sílaba (f)	tavu	[taʋu]
sufixo (m)	suffiksi, jälkiliite	[suffiksi], [jælkili:te]
acento (m)	paino	[pajno]
apóstrofo (m)	heittomerkki	[hejtto·merkki]
ponto (m)	piste	[piste]
vírgula (f)	pilkku	[pilkku]
ponto e vírgula (m)	puolipiste	[puoli·piste]
dois pontos (m pl)	kaksoispiste	[kaksojs·piste]
reticências (f pl)	pisteryhmä	[piste·ryhmæ]
ponto (m) de interrogação	kysymysmerkki	[kysymys·merkki]
ponto (m) de exclamação	huutomerkki	[hu:to·merkki]

aspas (f pl)	lainausmerkit	[lajnaus·merkit]
entre aspas	lainausmerkeissä	[lajnaus·merkejssæ]
parênteses (m pl)	sulkumerkit	[sulku·merkit]
entre parênteses	sulkumerkeissä	[sulku·merkejssæ]

hífen (m)	tavuviiva	[tauu·ui:ua]
travessão (m)	ajatusviiva	[ajatus·ui:ua]
espaço (m)	väli	[uæli]

| letra (f) | kirjain | [kirjain] |
| letra (f) maiúscula | iso kirjain | [iso kirjain] |

| vogal (f) | vokaali | [uoka:li] |
| consoante (f) | konsonantti | [konsonantti] |

frase (f)	lause	[lause]
sujeito (m)	subjekti	[subjekti]
predicado (m)	predikaatti	[predika:tti]

linha (f)	rivi	[riui]
em uma nova linha	uudella rivillä	[u:dela riuilla]
parágrafo (m)	kappale	[kappale]

palavra (f)	sana	[sana]
grupo (m) de palavras	sanaliitto	[sana·li:tto]
expressão (f)	sanonta	[sanonta]
sinónimo (m)	synonyymi	[synony:mi]
antónimo (m)	antonyymi	[antony:mi]

regra (f)	sääntö	[sæ:ntø]
exceção (f)	poikkeus	[pojkkeus]
correto	oikea	[ojkea]

conjugação (f)	verbien taivutus	[uerbien tajuutus]
declinação (f)	nominien taivutus	[nominien tajuutus]
caso (m)	sija	[sija]
pergunta (f)	kysymys	[kysymys]
sublinhar (vt)	alleviivata	[alleui:uata]
linha (f) pontilhada	pisteviiva	[piste·ui:ua]

98. Línguas estrangeiras

língua (f)	kieli	[kieli]
estrangeiro	vieras	[uieras]
língua (f) estrangeira	vieras kieli	[uieras kieli]
estudar (vt)	opiskella	[opiskella]
aprender (vt)	opetella	[opetella]

ler (vt)	lukea	[lukea]
falar (vi)	puhua	[puhua]
compreender (vt)	ymmärtää	[ymmærtæ:]
escrever (vt)	kirjoittaa	[kirjoitta:]
rapidamente	nopeasti	[nopeasti]
devagar	hitaasti	[hita:sti]

fluentemente	sujuvasti	[sujuvasti]
regras (f pl)	säännöt	[sæ:nnøt]
gramática (f)	kielioppi	[kieli·oppi]
vocabulário (m)	sanasto	[sanasto]
fonética (f)	fonetiikka	[foneti:kka]
manual (m) escolar	oppikirja	[oppi·kirja]
dicionário (m)	sanakirja	[sana·kirja]
manual (m) de autoaprendizagem	itseopiskeluopas	[itseopiskelu·opas]
guia (m) de conversação	fraasisanakirja	[fra:si·sana·kirja]
cassete (f)	kasetti	[kasetti]
vídeo cassete (m)	videokasetti	[video·kasetti]
CD (m)	CD-levy	[sede·levy]
DVD (m)	DVD-levy	[devede·levy]
alfabeto (m)	aakkoset	[a:kkoset]
soletrar (vt)	kirjoittaa	[kirjoitta:]
pronúncia (f)	artikulaatio	[artikula:tio]
sotaque (m)	korostus	[korostus]
com sotaque	vieraasti korostaen	[viera:sti korostaen]
sem sotaque	ilman korostusta	[ilman korostusta]
palavra (f)	sana	[sana]
sentido (m)	merkitys	[merkitys]
cursos (m pl)	kurssi	[kurssi]
inscrever-se (vr)	ilmoittautua	[ilmojttautua]
professor (m)	opettaja	[opettaja]
tradução (processo)	kääntäminen	[kæ:ntæminen]
tradução (texto)	käännös	[kæ:nnøs]
tradutor (m)	kääntäjä	[kæ:ntæjæ]
intérprete (m)	tulkki	[tulkki]
poliglota (m)	monikielinen	[moni·kielinen]
memória (f)	muisti	[mujsti]

Descanso. Entretenimento. Viagens

99. Viagens

turismo (m)	matkailu	[matkajlu]
turista (m)	matkailija	[matkajlija]
viagem (f)	matka	[matka]
aventura (f)	seikkailu	[sejkkajlu]
viagem (f)	matka	[matka]

férias (f pl)	loma	[loma]
estar de férias	olla lomalla	[olla lomalla]
descanso (m)	lepo	[lepo]

comboio (m)	juna	[juna]
de comboio (chegar ~)	junalla	[junalla]
avião (m)	lentokone	[lento·kone]
de avião	lentokoneella	[lentokone:lla]
de carro	autolla	[autolla]
de navio	laivalla	[lajʋalla]

bagagem (f)	matkatavara	[matka·taʋara]
mala (f)	matkalaukku	[matka·laukku]
carrinho (m)	matkatavarakärryt	[matka·taʋarat·kærryt]

passaporte (m)	passi	[passi]
visto (m)	viisumi	[ʋi:sumi]
bilhete (m)	lippu	[lippu]
bilhete (m) de avião	lentolippu	[lento·lippu]

guia (m) de viagem	opaskirja	[opas·kirja]
mapa (m)	kartta	[kartta]
local (m), area (f)	seutu	[seutu]
lugar, sítio (m)	paikka	[pajkka]

exotismo (m)	eksoottisuus	[ekso:ttisu:s]
exótico	eksoottinen	[ekso:ttinen]
surpreendente	ihmeellinen	[ihme:llinen]

grupo (m)	ryhmä	[ryhmæ]
excursão (f)	ekskursio, retki	[ekskursio], [retki]
guia (m)	opas	[opas]

100. Hotel

hotel (m)	hotelli	[hotelli]
motel (m)	motelli	[motelli]
três estrelas	kolme tähteä	[kolme tæhteæ]

cinco estrelas	viisi tähteä	[ʋiːsi tæhteæ]
ficar (~ num hotel)	oleskella	[oleskella] |//

quarto (m)	huone	[huone]
quarto (m) individual	yhden hengen huone	[yhden heŋen huone]
quarto (m) duplo	kahden hengen huone	[kahden heŋen huone]
reservar um quarto	varata huone	[ʋarata huone]

meia pensão (f)	puolihoito	[puoli·hojto]
pensão (f) completa	täysihoito	[tæysi·hojto]

com banheira	jossa on kylpyamme	[jossa on kylpyamme]
com duche	on suihku	[on sujhku]
televisão (m) satélite	satelliittitelevisio	[satelliːtti·teleʋisio]
ar (m) condicionado	ilmastointilaite	[ilmastojnti·lajte]
toalha (f)	pyyhe	[pyːhe]
chave (f)	avain	[aʋajn]

administrador (m)	hallintovirkamies	[hallinto·ʋirka·mies]
camareira (f)	huonesiivooja	[huone·siːʋoːja]
bagageiro (m)	kantaja	[kantaja]
porteiro (m)	vahtimestari	[ʋahti·mestari]

restaurante (m)	ravintola	[raʋintola]
bar (m)	baari	[baːri]
pequeno-almoço (m)	aamiainen	[aːmiajnen]
jantar (m)	illallinen	[illallinen]
buffet (m)	noutopöytä	[nouto·pøytæ]

hall (m) de entrada	eteishalli	[etejs·halli]
elevador (m)	hissi	[hissi]

NÃO PERTURBE	ÄLKÄÄ HÄIRITKÖ	[ælkæː hæjritkø]
PROIBIDO FUMAR!	TUPAKOINTI KIELLETTY	[tupakojnti kielletty]

EQUIPAMENTO TÉCNICO. TRANSPORTES

Equipamento técnico. Transportes

101. Computador

computador (m)	tietokone	[tieto·kone]
portátil (m)	kannettava tietokone	[kannettaυa tietokone]
ligar (vt)	avata	[aυata]
desligar (vt)	sammuttaa	[sammutta:]
teclado (m)	näppäimistö	[næppæjmistø]
tecla (f)	näppäin	[næppæjn]
rato (m)	hiiri	[hi:ri]
tapete (m) de rato	hiirimatto	[hi:ri·matto]
botão (m)	painike	[pajnike]
cursor (m)	kursori	[kursori]
monitor (m)	monitori	[monitori]
ecrã (m)	näyttö	[næyttø]
disco (m) rígido	kiintolevy, kovalevy	[ki:nto·leυy], [koυa·leυy]
capacidade (f) do disco rígido	kiintolevyn kapasiteetti	[ki:ntoleυyn kapasite:tti]
memória (f)	muisti	[mujsti]
memória RAM (f)	keskusmuisti	[keskus·mujsti]
ficheiro (m)	tiedosto	[tædosto]
pasta (f)	kansio	[kansio]
abrir (vt)	avata	[aυata]
fechar (vt)	sulkea	[sulkea]
guardar (vt)	tallentaa	[tallenta:]
apagar, eliminar (vt)	poistaa	[pojsta:]
copiar (vt)	kopioida	[kopiojda]
ordenar (vt)	lajitella	[lajıtella]
copiar (vt)	siirtää	[si:rtæ:]
programa (m)	ohjelma	[ohjelma]
software (m)	ohjelmisto	[ohjelmisto]
programador (m)	ohjelmoija	[ohjelmoja]
programar (vt)	ohjelmoida	[ohjelmojda]
hacker (m)	hakkeri	[hakkeri]
senha (f)	tunnussana	[tunnus·sana]
vírus (m)	virus	[υirus]
detetar (vt)	löytää	[løytæ:]
byte (m)	tavu	[taυu]

megabyte (m)	megatavu	[megaˑtaʋu]
dados (m pl)	tiedot	[tiedot]
base (f) de dados	tietokanta	[tietoˑkanta]

cabo (m)	kaapeli	[kɑːpeli]
desconectar (vt)	kytkeä irti	[kytkeæ irti]
conetar (vt)	yhdistää, liittää	[yhdistæː], [liːttæː]

102. Internet. E-mail

internet (f)	internet, netti	[internet], [netti]
browser (m)	verkkoselain	[ʋerkkoˑselajn]
motor (m) de busca	hakukone	[hɑkuˑkone]
provedor (m)	internet-palveluntarjoaja	[internetˑpalʋelunˑtarjoaja]

webmaster (m)	webmaster	[ʋebˑmaster]
website, sítio web (m)	nettisivusto	[nettiˑsiʋusto]
página (f) web	nettisivu	[nettiˑsiʋu]

| endereço (m) | email-osoite | [imejlˑosojte] |
| livro (m) de endereços | osoitekirja | [osojteˑkirja] |

caixa (f) de correio	postilaatikko	[postilaːtikko]
correio (m)	posti	[posti]
cheia (caixa de correio)	täysi	[tæysi]

mensagem (f)	viesti	[ʋiesti]
mensagens (f pl) recebidas	saapuneet viestit	[sɑːpuneːt ʋiestit]
mensagens (f pl) enviadas	lähetetyt viestit	[læɦetetyt ʋiestit]
remetente (m)	lähettäjä	[læɦettæjæ]
enviar (vt)	lähettää	[læɦettæː]
envio (m)	lähettäminen	[læɦettæminen]
destinatário (m)	saaja	[sɑːja]
receber (vt)	saada	[sɑːda]

| correspondência (f) | kirjeenvaihto | [kirjeːnˑʋajhto] |
| corresponder-se (vr) | olla kirjeenvaihdossa | [olla kirjeːnˑʋajhdossa] |

ficheiro (m)	tiedosto	[tædosto]
fazer download, baixar	tallentaa	[tallentɑː]
criar (vt)	luoda	[luoda]
apagar, eliminar (vt)	poistaa	[pojstɑː]
eliminado	poistettu	[pojstettu]

conexão (f)	yhteys	[yhteys]
velocidade (f)	nopeus	[nopeus]
modem (m)	modeemi	[modeːmi]
acesso (m)	pääsy	[pæːsy]
porta (f)	portti	[portti]

conexão (f)	liittymä	[liːttymæ]
conetar (vi)	liittyä	[liːttyæ]
escolher (vt)	valita	[ʋalita]
buscar (vt)	etsiä	[etsiæ]

103. Eletricidade

eletricidade (f)	sähkö	[sæhkø]
elétrico	sähkö-	[sæhkø]
central (f) elétrica	voimala	[ʋojmala]
energia (f)	energia	[energia]
energia (f) elétrica	sähköenergia	[sæhkø·energia]
lâmpada (f)	lamppu	[lamppu]
lanterna (f)	taskulamppu	[tasku·lamppu]
poste (m) de iluminação	lyhty	[lyhty]
luz (f)	valo	[ʋalo]
ligar (vt)	sytyttää	[sytyttæ:]
desligar (vt)	katkaista	[katkajsta]
apagar a luz	sammuttaa valo	[sammutta: ʋalo]
fundir (vi)	olla palanut	[olla palanut]
curto-circuito (m)	oikosulku	[ojko·sulku]
rutura (f)	katkeama	[katkeama]
contacto (m)	kontakti	[kontakti]
interruptor (m)	katkaisin	[katkajsin]
tomada (f)	pistorasia	[pisto·rasia]
ficha (f)	pistoke	[pistoke]
extensão (f)	jatkojohto	[jatko·johto]
fusível (m)	suojalaite	[suoja·lajte]
fio, cabo (m)	johto, johdin	[johto], [johdin]
instalação (f) elétrica	johdotus	[johdotus]
ampere (m)	ampeeri	[ampe:ri]
amperagem (f)	ampeeriluku	[ampe:ri·luku]
volt (m)	voltti	[ʋoltti]
voltagem (f)	jännite	[jænnite]
aparelho (m) elétrico	sähkölaite	[sæhkø·lajte]
indicador (m)	indikaattori	[indika:ttori]
eletricista (m)	sähkömies	[sæhkømies]
soldar (vt)	juottaa	[juotta:]
ferro (m) de soldar	juotin	[juotin]
corrente (f) elétrica	virta	[ʋirta]

104. Ferramentas

ferramenta (f)	työkalu	[tyø·kalu]
ferramentas (f pl)	työkalut	[tyø·kalut]
equipamento (m)	laitteet	[lajtte:t]
martelo (m)	vasara	[ʋasara]
chave (f) de fendas	ruuvitaltta	[ru:ʋi·taltta]
machado (m)	kirves	[kirʋes]

serra (f)	saha	[sɑɦɑ]
serrar (vt)	sahata	[sɑɦɑtɑ]
plaina (f)	höylä	[høylæ]
aplainar (vt)	höylätä	[høylætæ]
ferro (m) de soldar	juotin	[juotin]
soldar (vt)	juottaa	[juottɑ:]

lima (f)	viila	[ʋi:lɑ]
tenaz (f)	hohtimet	[hohtimet]
alicate (m)	laakapihdit	[lɑ:kɑ·pihdit]
formão (m)	taltta	[tɑlttɑ]

broca (f)	pora	[porɑ]
berbequim (f)	porakone	[porɑ·kone]
furar (vt)	porata	[porɑtɑ]

faca (f)	veitsi	[ʋejtsi]
canivete (m)	taskuveitsi	[tɑsku·ʋejtsi]
lâmina (f)	terä	[teræ]

afiado	terävä	[teræʋæ]
cego	tylsä	[tylsæ]
embotar-se (vr)	tylsistyä	[tylsistyæ]
afiar, amolar (vt)	teroittaa	[terojttɑ:]

parafuso (m)	pultti	[pultti]
porca (f)	mutteri	[mutteri]
rosca (f)	kierre	[kierre]
parafuso (m) para madeira	ruuvi	[ru:ʋi]

prego (m)	naula	[nɑulɑ]
cabeça (f) do prego	kanta	[kɑntɑ]

régua (f)	viivoitin	[ʋi:ʋojtin]
fita (f) métrica	mittanauha	[mittɑ·nɑuɦɑ]
nível (m)	vesivaaka	[ʋesi·ʋɑ:kɑ]
lupa (f)	suurennuslasi	[su:rennus·lɑsi]

medidor (m)	mittauslaite	[mittɑus·lɑjte]
medir (vt)	mitata	[mitɑtɑ]
escala (f)	asteikko	[ɑstejkko]
indicação (f), registo (m)	lukema	[lukemɑ]

compressor (m)	kompressori	[kompressori]
microscópio (m)	mikroskooppi	[mikrosko:ppi]

bomba (f)	pumppu	[pumppu]
robô (m)	robotti	[robotti]
laser (m)	laser	[lɑser]

chave (f) de boca	kiintoavain	[ki:nto·ɑʋɑjn]
fita (f) adesiva	teippi	[tejppi]
cola (f)	liima	[li:mɑ]

lixa (f)	hiomapaperi	[hiomɑ·pɑperi]
mola (f)	jousi	[jousi]

Português	Finlandês	Pronúncia
íman (m)	magneetti	[mɑŋneːtti]
luvas (f pl)	käsineet	[kæsineːt]
corda (f)	nuora	[nuorɑ]
cordel (m)	nuora	[nuorɑ]
fio (m)	johto, johdin	[johto], [johdin]
cabo (m)	kaapeli	[kɑːpeli]
marreta (f)	leka, moukari	[lekɑ], [moukɑri]
pé de cabra (m)	rautakanki	[rɑutɑ·kɑŋki]
escada (f) de mão	tikapuut	[tikɑ·puːt]
escadote (m)	tikkaat	[tikkɑːt]
enroscar (vt)	kiertää	[kærtæː]
desenroscar (vt)	kiertää auki	[kiertæː ɑuki]
apertar (vt)	kiristää	[kiristæː]
colar (vt)	liimata	[liːmɑtɑ]
cortar (vt)	leikata	[lejkɑtɑ]
falha (mau funcionamento)	vika	[ʋikɑ]
conserto (m)	korjaus	[korjɑus]
consertar, reparar (vt)	korjata	[korjɑtɑ]
regular, ajustar (vt)	säädellä	[sæːdellæ]
verificar (vt)	tarkastaa	[tɑrkɑstɑː]
verificação (f)	tarkastus	[tɑrkɑstus]
indicação (f), registo (m)	lukema	[lukemɑ]
seguro	luotettava	[luotettɑʋɑ]
complicado	monimutkainen	[monimutkɑjnen]
enferrujar (vi)	ruostua	[ruostuɑ]
enferrujado	ruosteinen	[ruostejnen]
ferrugem (f)	ruoste	[ruoste]

Transportes

105. Avião

avião (m)	lentokone	[lento·kone]
bilhete (m) de avião	lentolippu	[lento·lippu]
companhia (f) aérea	lentoyhtiö	[lento·yhtiø]
aeroporto (m)	lentoasema	[lento·asema]
supersónico	yliääni-	[yliæ:ni-]
comandante (m) do avião	lentokoneen päällikkö	[lento·kone:n pæ:llikkø]
tripulação (f)	miehistö	[mæɦistø]
piloto (m)	lentäjä	[lentæjæ]
hospedeira (f) de bordo	lentoemäntä	[lento·emæntæ]
copiloto (m)	perämies	[peræmies]
asas (f pl)	siivet	[si:ʋet]
cauda (f)	pyrstö	[pyrstø]
cabine (f) de pilotagem	ohjaamo	[ohja:mo]
motor (m)	moottori	[mo:ttori]
trem (m) de aterragem	laskuteline	[lasku·teline]
turbina (f)	turbiini	[turbi:ni]
hélice (f)	propelli	[propelli]
caixa-preta (f)	musta laatikko	[musta la:tikko]
coluna (f) de controlo	ohjaussauva	[ohjaus·sauʋa]
combustível (m)	polttoaine	[poltto·ajne]
instruções (f pl) de segurança	turvaohje	[turʋa·ohje]
máscara (f) de oxigénio	happinaamari	[happina:mari]
uniforme (m)	univormu	[uniʋormu]
colete (m) salva-vidas	pelastusliivi	[pelastus·li:ʋi]
paraquedas (m)	laskuvarjo	[lasku·ʋarjo]
descolagem (f)	ilmaannousu	[ilma:n·nousu]
descolar (vi)	nousta ilmaan	[nousta ilma:n]
pista (f) de descolagem	kiitorata	[ki:to·rata]
visibilidade (f)	näkyvyys	[nækyʋy:s]
voo (m)	lento	[lento]
altura (f)	korkeus	[korkeus]
poço (m) de ar	ilmakuoppa	[ilma·kuoppa]
assento (m)	paikka	[pajkka]
auscultadores (m pl)	kuulokkeet	[ku:lokke:t]
mesa (f) rebatível	tarjotin	[tarjotin]
vigia (f)	ikkuna	[ikkuna]
passagem (f)	käytävä	[kæytæʋæ]

106. Comboio

comboio (m)	juna	[junɑ]
comboio (m) suburbano	sähköjuna	[sæhkø·junɑ]
comboio (m) rápido	pikajuna	[pikɑ·junɑ]
locomotiva (f) diesel	moottoriveturi	[mo:ttori·ʋeturi]
locomotiva (f) a vapor	höyryveturi	[høyry·ʋeturi]
carruagem (f)	vaunu	[ʋɑunu]
carruagem restaurante (f)	ravintolavaunu	[rɑʋintolɑ·ʋɑunu]
carris (m pl)	ratakiskot	[rɑtɑ·kiskot]
caminho de ferro (m)	rautatie	[rɑutɑ·tie]
travessa (f)	ratapölkky	[rɑtɑ·pølkky]
plataforma (f)	asemalaituri	[ɑsemɑ·lɑjturi]
linha (f)	raide	[rɑjde]
semáforo (m)	siipiopastin	[si:pi·opɑstin]
estação (f)	asema	[ɑsemɑ]
maquinista (m)	junankuljettaja	[yneŋ·kuljettɑjɑ]
bagageiro (m)	kantaja	[kɑntɑjɑ]
hospedeiro, -a (da carruagem)	vaununhoitaja	[ʋɑunun·hojtɑjɑ]
passageiro (m)	matkustaja	[mɑtkustɑjɑ]
revisor (m)	tarkastaja	[tɑrkɑstɑjɑ]
corredor (m)	käytävä	[kæytæʋæ]
freio (m) de emergência	hätäjarru	[hætæ·jɑrru]
compartimento (m)	vaununosasto	[ʋɑunun·osɑsto]
cama (f)	vuode	[ʋuode]
cama (f) de cima	ylävuode	[ylæ·ʋuode]
cama (f) de baixo	alavuode	[ɑlɑ·ʋuode]
roupa (f) de cama	vuodevaatteet	[ʋuode·ʋɑ:tte:t]
bilhete (m)	lippu	[lippu]
horário (m)	aikataulu	[ɑjkɑ·tɑulu]
painel (m) de informação	aikataulu	[ɑjkɑ·tɑulu]
partir (vt)	lähteä	[læhteæ]
partida (f)	lähtö	[læhtø]
chegar (vi)	saapua	[sɑ:puɑ]
chegada (f)	saapuminen	[sɑ:puminen]
chegar de comboio	tulla junalla	[tullɑ junɑllɑ]
apanhar o comboio	nousta junaan	[noustɑ junɑ:n]
sair do comboio	nousta junasta	[noustɑ junɑstɑ]
acidente (m) ferroviário	junaturma	[junɑ·turmɑ]
descarrilar (vi)	suistua raiteilta	[sujstuɑ rɑjtejltɑ]
locomotiva (f) a vapor	höyryveturi	[høyry·ʋeturi]
fogueiro (m)	lämmittäjä	[læmmittæjæ]
fornalha (f)	tulipesä	[tulipesæ]
carvão (m)	hiili	[hi:li]

107. Barco

navio (m)	laiva	[lajʋa]
embarcação (f)	alus	[alus]
vapor (m)	höyrylaiva	[højry·lajʋa]
navio (m)	jokilaiva	[joki·lajʋa]
transatlântico (m)	risteilijä	[ristejlijæ]
cruzador (m)	risteilijä	[ristejlijæ]
iate (m)	jahti	[jahti]
rebocador (m)	hinausköysi	[hinaus·køysi]
barcaça (f)	proomu	[pro:mu]
ferry (m)	lautta	[lautta]
veleiro (m)	purjealus	[purje·alus]
bergantim (m)	brigantiini	[briganti:ni]
quebra-gelo (m)	jäänmurtaja	[jæ:n·murtaja]
submarino (m)	sukellusvene	[sukellus·ʋene]
bote, barco (m)	jolla	[jolla]
bote, dingue (m)	pelastusvene	[pelastus·ʋene]
bote (m) salva-vidas	pelastusvene	[pelastus·ʋene]
lancha (f)	moottorivene	[mo:ttori·ʋene]
capitão (m)	kapteeni	[kapte:ni]
marinheiro (m)	matruusi	[matru:si]
marujo (m)	merimies	[merimies]
tripulação (f)	miehistö	[mæhistø]
contramestre (m)	pursimies	[pursimies]
grumete (m)	laivapoika	[lajʋa·pojka]
cozinheiro (m) de bordo	kokki	[kokki]
médico (m) de bordo	laivalääkäri	[lajʋa·læ:kæri]
convés (m)	kansi	[kansi]
mastro (m)	masto	[masto]
vela (f)	purje	[purje]
porão (m)	ruuma	[ru:ma]
proa (f)	keula	[keula]
popa (f)	perä	[peræ]
remo (m)	airo	[ajro]
hélice (f)	potkuri	[potkuri]
camarote (m)	hytti	[hytti]
sala (f) dos oficiais	upseerimessi	[upse:ri·messi]
sala (f) das máquinas	konehuone	[kone·huone]
ponte (m) de comando	komentosilta	[komento·silta]
sala (f) de comunicações	radiohuone	[radio·huone]
onda (f) de rádio	aalto	[a:lto]
diário (m) de bordo	laivapäiväkirja	[lajʋa·pæjʋæ·kirja]
luneta (f)	kaukoputki	[kauko·putki]
sino (m)	kello	[kello]

bandeira (f)	lippu	[lippu]
cabo (m)	köysi	[køysi]
nó (m)	solmu	[solmu]
corrimão (m)	käsipuu	[kæsipu:]
prancha (f) de embarque	laskusilta	[lasku·silta]
âncora (f)	ankkuri	[aŋkkuri]
recolher a âncora	nostaa ankkuri	[nosta: aŋkkuri]
lançar a âncora	heittää ankkuri	[hejttæ: aŋkkuri]
amarra (f)	ankkuriketju	[aŋkkuri·ketju]
porto (m)	satama	[satama]
cais, amarradouro (m)	laituri	[lajturi]
atracar (vi)	kiinnittyä	[ki:nnittyæ]
desatracar (vi)	lähteä	[læhteæ]
viagem (f)	matka	[matka]
cruzeiro (m)	laivamatka	[lajʋa·matka]
rumo (m), rota (f)	kurssi	[kurssi]
itinerário (m)	reitti	[rejtti]
canal (m) navegável	väylä	[ʋæylæ]
banco (m) de areia	matalikko	[matalikko]
encalhar (vt)	ajautua matalikolle	[ajautua matalikolle]
tempestade (f)	myrsky	[myrsky]
sinal (m)	merkki	[merkki]
afundar-se (vr)	upota	[upota]
Homem ao mar!	Mies yli laidan!	[mies yli lajdan]
SOS	SOS	[sos]
boia (f) salva-vidas	pelastusrengas	[pelastus·reŋas]

108. Aeroporto

aeroporto (m)	lentoasema	[lento·asema]
avião (m)	lentokone	[lento·kone]
companhia (f) aérea	lentoyhtiö	[lento·yhtiø]
controlador (m) de tráfego aéreo	lennonjohtaja	[lennon·johtaja]
partida (f)	lähtö	[læhtø]
chegada (f)	saapuvat	[sa:puʋat]
chegar (~ de avião)	lentää	[lentæ:]
hora (f) de partida	lähtöaika	[læhtø·ajka]
hora (f) de chegada	saapumisaika	[sa:pumis·ajka]
estar atrasado	myöhästyä	[myøhæstyæ]
atraso (m) de voo	lennon viivästyminen	[lennon ʋi:ʋæstyminen]
painel (m) de informação	tiedotustaulu	[tiedotus·taulu]
informação (f)	tiedotus	[tiedotus]
anunciar (vt)	ilmoittaa	[ilmojtta:]

voo (m)	lento	[lento]
alfândega (f)	tulli	[tulli]
funcionário (m) da alfândega	tullimies	[tullimies]

declaração (f) alfandegária	tullausilmoitus	[tullaus·ilmojtus]
preencher (vt)	täyttää	[tæyttæ:]
preencher a declaração	täyttää tullausilmoitus	[tæyttæ: tullaus ilmojtus]
controlo (m) de passaportes	passintarkastus	[passin·tarkastus]

bagagem (f)	matkatavara	[matka·tauara]
bagagem (f) de mão	käsimatkatavara	[kæsi·matka·tauara]
carrinho (m)	matkatavarakärryt	[matka·tauarat·kærryt]

aterragem (f)	lasku	[lasku]
pista (f) de aterragem	laskurata	[lasku·rata]
aterrar (vi)	laskeutua	[laskeutua]
escada (f) de avião	laskuportaat	[lasku·porta:t]

check-in (m)	lähtöselvitys	[læhtø·seluitys]
balcão (m) do check-in	rekisteröintitiski	[rekisterøinti·tiski]
fazer o check-in	ilmoittautua	[ilmojttautua]
cartão (m) de embarque	koneeseennousukortti	[kone:se:n·nousu·kortti]
porta (f) de embarque	lentokoneen pääsy	[lento·kone:n pæ:sy]

trânsito (m)	kauttakulku	[kautta·kulku]
esperar (vi, vt)	odottaa	[odotta:]
sala (f) de espera	odotussali	[odotus·sali]
despedir-se de ...	saattaa ulos	[sa:tta: ulos]
despedir-se (vr)	hyvästellä	[hyuæstellæ]

Eventos

109. Férias. Evento

festa (f)	juhla	[juhla]
festa (f) nacional	kansallisjuhla	[kansallis·juhla]
feriado (m)	juhlapäivä	[juhla·pæjʋæ]
festejar (vt)	juhlia	[juhlia]
evento (festa, etc.)	tapahtuma	[tapahtuma]
evento (banquete, etc.)	tapahtuma	[tapahtuma]
banquete (m)	banketti	[baŋketti]
receção (f)	vastaanotto	[ʋasta:notto]
festim (m)	juhlat	[juhlat]
aniversário (m)	vuosipäivä	[ʋuosi·pæjʋæ]
jubileu (m)	juhla, vuosipäivä	[juhla], [ʋuosi·pæjʋæ]
celebrar (vt)	juhlia	[juhlia]
Ano (m) Novo	uusivuosi	[u:si·ʋuosi]
Feliz Ano Novo!	Hyvää uutta vuotta!	[hyʋæ: u:tta ʋuotta]
Pai (m) Natal	Joulupukki	[joulu·pukki]
Natal (m)	Joulu	[joulu]
Feliz Natal!	Hyvää joulua!	[hyʋæ: joulua]
árvore (f) de Natal	joulukuusi	[joulu·ku:si]
fogo (m) de artifício	ilotulitus	[ilo·tulitus]
boda (f)	häät	[hæ:t]
noivo (m)	sulhanen	[sulhanen]
noiva (f)	morsian	[morsian]
convidar (vt)	kutsua	[kutsua]
convite (m)	kutsu, kutsukirje	[kutsu], [kutsu·kirje]
convidado (m)	vieras	[ʋieras]
visitar (vt)	käydä kylässä	[kæydæ kylæssæ]
receber os hóspedes	tervehtiä vieraat	[terʋehtiæ ʋiera:t]
presente (m)	lahja	[lahja]
oferecer (vt)	lahjoittaa	[lahjoitta:]
receber presentes	saada lahjat	[sa:da lahjat]
ramo (m) de flores	kukkakimppu	[kukka·kimppu]
felicitações (f pl)	onnittelu	[onnittelu]
felicitar (dar os parabéns)	onnitella	[onnitella]
cartão (m) de parabéns	onnittelukortti	[onnittelu·kortti]
enviar um postal	lähettää kortti	[læhettæ: kortti]
receber um postal	saada kortti	[sa:da kortti]

brinde (m)	maljapuhe	[malja·puɦe]
oferecer (vt)	kestitä	[kestitæ]
champanhe (m)	samppanja	[samppanja]
divertir-se (vr)	huvitella	[huʋitella]
diversão (f)	ilo, hilpeys	[ilo], [hilpeys]
alegria (f)	ilo	[ilo]
dança (f)	tanssi	[tanssi]
dançar (vi)	tanssia	[tanssia]
valsa (f)	valssi	[ʋalssi]
tango (m)	tango	[taŋo]

110. Funerais. Enterro

cemitério (m)	hautausmaa	[hautausmaː]
sepultura (f), túmulo (m)	hauta	[hauta]
cruz (f)	risti	[risti]
lápide (f)	hautamuistomerkki	[hautamujsto·merkki]
cerca (f)	aita	[ajta]
capela (f)	kappeli	[kappeli]
morte (f)	kuolema	[kuolema]
morrer (vi)	kuolla	[kuolla]
defunto (m)	vainaja	[ʋajnaja]
luto (m)	sureminen	[sureminen]
enterrar, sepultar (vt)	haudata	[haudata]
agência (f) funerária	hautaustoimisto	[hautaus·tojmisto]
funeral (m)	hautajaiset	[hautajaiset]
coroa (f) de flores	seppele	[seppele]
caixão (m)	ruumisarkku	[ruːmis·arkku]
carro (m) funerário	ruumisvaunut	[ruːmis·ʋaunut]
mortalha (f)	käärinliina	[kæːrin·liːna]
procissão (f) funerária	hautajaissaatto	[hautajais·saːtto]
urna (f) funerária	uurna	[uːrna]
crematório (m)	krematorio	[krematorio]
obituário (m), necrologia (f)	muistokirjoitus	[mujsto·kirjoitus]
chorar (vi)	itkeä	[itkeæ]
soluçar (vi)	nyyhkyttää	[nyːhkyttæː]

111. Guerra. Soldados

pelotão (m)	joukkue	[joukkue]
companhia (f)	komppania	[komppania]
regimento (m)	rykmentti	[rykmentti]
exército (m)	armeija	[armeja]
divisão (f)	divisioona	[diʋisioːna]

| destacamento (m) | joukko | [joukko] |
| hoste (f) | armeija | [armeja] |

| soldado (m) | sotilas | [sotilas] |
| oficial (m) | upseeri | [upse:ri] |

soldado (m) raso	sotamies	[sotamies]
sargento (m)	kersantti	[kersantti]
tenente (m)	luutnantti	[lu:tnantti]
capitão (m)	kapteeni	[kapte:ni]
major (m)	majuri	[majuri]
coronel (m)	eversti	[eversti]
general (m)	kenraali	[kenra:li]

marujo (m)	merimies	[merimies]
capitão (m)	kapteeni	[kapte:ni]
contramestre (m)	pursimies	[pursimies]

artilheiro (m)	tykkimies	[tykkimies]
soldado (m) paraquedista	desantti	[desantti]
piloto (m)	lentäjä	[lentæjæ]
navegador (m)	perämies	[peræmies]
mecânico (m)	konemestari	[kone·mestari]

sapador (m)	pioneeri	[pione:ri]
paraquedista (m)	laskuvarjohyppääjä	[lasku·varjoɦyppæ:jæ]
explorador (m)	tiedustelija	[tiedustelija]
franco-atirador (m)	tarkka-ampuja	[tarkka·ampuja]
patrulha (f)	partio	[partio]
patrulhar (vt)	partioida	[partiojda]
sentinela (f)	vartiomies	[vartiomies]

guerreiro (m)	soturi	[soturi]
patriota (m)	patriootti	[patrio:tti]
herói (m)	sankari	[saŋkari]
heroína (f)	sankaritar	[saŋkaritar]

traidor (m)	pettäjä, petturi	[pettæjæ], [petturi]
trair (vt)	pettää	[pettæ:]
desertor (m)	karkuri	[karkuri]
desertar (vt)	karata	[karata]

mercenário (m)	palkkasoturi	[palkka·soturi]
recruta (m)	alokas	[alokas]
voluntário (m)	vapaaehtoinen	[vapa:ehtojnen]

morto (m)	kaatunut	[ka:tunut]
ferido (m)	haavoittunut	[ha:vojttunut]
prisioneiro (m) de guerra	sotavanki	[sota·vaŋki]

112. Guerra. Ações militares. Parte 1

| guerra (f) | sota | [sota] |
| guerrear (vt) | sotia | [sotia] |

guerra (f) civil	kansalaissota	[kansalajs·sota]
perfidamente	petollisesti	[petollisesti]
declaração (f) de guerra	sodanjulistus	[sodan·julistus]
declarar (vt) guerra	julistaa	[julista:]
agressão (f)	aggressio	[aggressio]
atacar (vt)	hyökätä	[hyøkætæ]
invadir (vt)	hyökätä	[hyøkætæ]
invasor (m)	hyökkääjä	[hyøkkæ:jæ]
conquistador (m)	valloittaja	[vallojttaja]
defesa (f)	puolustus	[puolustus]
defender (vt)	puolustaa	[puolusta:]
defender-se (vr)	puolustautua	[puolustautua]
inimigo (m)	vihollinen	[vihollinen]
adversário (m)	vastustaja	[vastustaja]
inimigo	vihollisen	[vihollisen]
estratégia (f)	strategia	[strategia]
tática (f)	taktiikka	[takti:kka]
ordem (f)	käsky	[kæsky]
comando (m)	komento	[komento]
ordenar (vt)	käskeä	[kæskeæ]
missão (f)	tehtävä	[tehtæuæ]
secreto	salainen	[salajnen]
batalha (f), combate (m)	taistelu	[taistelu]
batalha (f)	kamppailu	[kamppajlu]
combate (m)	taistelu	[taistelu]
ataque (m)	hyökkäys	[hyøkkæys]
assalto (m)	rynnäkkö	[rynnækkø]
assaltar (vt)	rynnätä	[rynnætæ]
assédio, sítio (m)	piiritys	[pi:ritys]
ofensiva (f)	hyökkäys	[hyøkkæys]
passar à ofensiva	hyökätä	[hyøkætæ]
retirada (f)	vetäytyminen	[vetæytyminen]
retirar-se (vr)	vetäytyä	[vetæytyæ]
cerco (m)	motti	[motti]
cercar (vt)	motittaa	[motitta:]
bombardeio (m)	pommitus	[pommitus]
lançar uma bomba	heittää pommi	[hejttæ: pommi]
bombardear (vt)	pommittaa	[pommitta:]
explosão (f)	räjähdys	[ræjæhdys]
tiro (m)	laukaus	[laukaus]
disparar um tiro	laukaista	[laukajsta]
tiroteio (m)	ammunta	[ammunta]
apontar para ...	tähdätä	[tæhdætæ]
apontar (vt)	suunnata	[su:nnata]

acertar (vt)	osua	[osua]
afundar (um navio)	upottaa	[upotta:]
brecha (f)	aukko	[aukko]
afundar-se (vr)	upota	[upota]
frente (m)	rintama	[rintama]
evacuação (f)	evakuointi	[eʋakuojnti]
evacuar (vt)	evakuoida	[eʋakuojda]
trincheira (f)	taisteluhauta	[tajstelu·hauta]
arame (m) farpado	piikkilanka	[piːkki·laŋka]
obstáculo (m) anticarro	este	[este]
torre (f) de vigia	torni	[torni]
hospital (m)	sotilassairaala	[sotilas·sajraːla]
ferir (vt)	haavoittaa	[haːʋojttaː]
ferida (f)	haava	[haːʋa]
ferido (m)	haavoittunut	[haːʋojttunut]
ficar ferido	haavoittua	[haːʋojttua]
grave (ferida ~)	vakava	[ʋakaʋa]

113. Guerra. Ações militares. Parte 2

cativeiro (m)	sotavankeus	[sotaʋaŋkeus]
capturar (vt)	ottaa vangiksi	[ottaː ʋaŋiksi]
estar em cativeiro	olla sotavankeudessa	[olla sotaʋaŋkeudessa]
ser aprisionado	joutua sotavankeuteen	[joutua sotaʋaŋkeuteːn]
campo (m) de concentração	keskitysleiri	[keskitys·lejri]
prisioneiro (m) de guerra	sotavanki	[sota·ʋaŋki]
escapar (vi)	karata	[karata]
trair (vt)	pettää	[pettæː]
traidor (m)	pettäjä, petturi	[pettæjæ], [petturi]
traição (f)	petos	[petos]
fuzilar, executar (vt)	teloittaa ampumalla	[telojttaː ampumalla]
fuzilamento (m)	ampuminen	[ampuminen]
equipamento (m)	varustus	[ʋarustus]
platina (f)	epoletti	[epoletti]
máscara (f) antigás	kaasunaamari	[kaːsu·naːmari]
rádio (m)	kenttäradio	[kenttæ·radio]
cifra (f), código (m)	salakirjoitus	[sala·kirjoitus]
conspiração (f)	salaileminen	[salajleminen]
senha (f)	tunnussana	[tunnus·sana]
mina (f)	miina	[miːna]
minar (vt)	miinoittaa	[miːnojttaː]
campo (m) minado	miinakenttä	[miːna·kenttæ]
alarme (m) aéreo	ilmahälytys	[ilma·hælytys]
alarme (m)	hälytys	[hælytys]

| sinal (m) | signaali | [signɑ:li] |
| sinalizador (m) | signaaliohjus | [signɑ:li·ohjus] |

estado-maior (m)	esikunta	[esikuntɑ]
reconhecimento (m)	tiedustelu	[tiedustelu]
situação (f)	tilanne	[tilɑnne]
relatório (m)	raportti	[rɑportti]
emboscada (f)	väijytys	[ʋæjytys]
reforço (m)	vahvistus	[ʋɑhʋistus]

alvo (m)	maali	[mɑ:li]
campo (m) de tiro	ampuma-ala	[ampumɑ·ɑlɑ]
manobras (f pl)	sotaharjoitus	[sotɑ·ɦɑrjoitus]

pânico (m)	paniikki	[pɑni:kki]
devastação (f)	hävitys	[hæʋitys]
ruínas (f pl)	hävitykset	[hæʋitykset]
destruir (vt)	hävittää	[hæʋittæ:]

sobreviver (vi)	jäädä eloon	[jæ:dæ elo:n]
desarmar (vt)	riisua aseista	[ri:suɑ ɑsejstɑ]
manusear (vt)	käyttää	[kæyttæ:]

| Firmes! | Asento! | [asento] |
| Descansar! | Lepo! | [lepo] |

façanha (f)	urotyö	[urotyø]
juramento (m)	vala	[ʋɑlɑ]
jurar (vi)	vannoa	[ʋɑnnoɑ]

condecoração (f)	palkinto	[palkinto]
condecorar (vt)	palkita	[palkita]
medalha (f)	mitali	[mitali]
ordem (f)	kunniamerkki	[kunnia·merkki]

vitória (f)	voitto	[ʋojtto]
derrota (f)	tappio	[tappio]
armistício (m)	välirauha	[ʋæli·rɑuɦɑ]

bandeira (f)	standaari	[stɑndɑ:ri]
glória (f)	kunnia	[kunnia]
desfile (m) militar	paraati	[pɑrɑ:ti]
marchar (vi)	marssia	[mɑrssiɑ]

114. Armas

arma (f)	ase	[ase]
arma (f) de fogo	ampuma-ase	[ampumɑ·ase]
arma (f) branca	teräase	[teræɑse]

arma (f) química	kemiallinen ase	[kemiallinen ɑse]
nuclear	ydin-	[ydin]
arma (f) nuclear	ydinase	[ydin·ase]
bomba (f)	pommi	[pommi]

bomba (f) atómica	ydinpommi	[ydin·pommi]
pistola (f)	pistooli	[pisto:li]
caçadeira (f)	kivääri	[kiʋæ:ri]
pistola-metralhadora (f)	konepistooli	[kone·pisto:li]
metralhadora (f)	konekivääri	[kone·kiʋæ:ri]
boca (f)	suu	[su:]
cano (m)	piippu	[pi:ppu]
calibre (m)	kaliiperi	[kali:peri]
gatilho (m)	liipaisin	[li:pajsin]
mira (f)	tähtäin	[tæhtæjn]
carregador (m)	lipas	[lipas]
coronha (f)	perä	[peræ]
granada (f) de mão	käsikranaatti	[kæsi·krana:tti]
explosivo (m)	räjähdysaine	[ræjæhdys·ajne]
bala (f)	luoti	[luoti]
cartucho (m)	patruuna	[patru:na]
carga (f)	panos	[panos]
munições (f pl)	ampumatarvikkeet	[ampuma·tarʋikke:t]
bombardeiro (m)	pommikone	[pommi·kone]
avião (m) de caça	hävittäjä	[hæʋittæjæ]
helicóptero (m)	helikopteri	[helikopteri]
canhão (m) antiaéreo	ilmatorjuntatykki	[ilmatorjunta·tykki]
tanque (m)	panssarivaunu	[panssari·ʋaunu]
canhão (de um tanque)	tykki	[tykki]
artilharia (f)	tykistö	[tykistø]
canhão (m)	tykki	[tykki]
fazer a pontaria	suunnata	[su:nnata]
obus (m)	ammus	[ammus]
granada (f) de morteiro	kranaatti	[krana:tti]
morteiro (m)	kranaatinheitin	[krana:tin·hejtin]
estilhaço (m)	sirpale	[sirpale]
submarino (m)	sukellusvene	[sukellus·ʋene]
torpedo (m)	torpedo	[torpedo]
míssil (m)	raketti	[raketti]
carregar (uma arma)	ladata	[ladata]
atirar, disparar (vi)	ampua	[ampua]
apontar para …	tähdätä	[tæhdætæ]
baioneta (f)	pistin	[pistin]
espada (f)	pistomiekka	[pisto·miekka]
sabre (m)	sapeli	[sapeli]
lança (f)	keihäs	[kejhæs]
arco (m)	jousi	[jousi]
flecha (f)	nuoli	[nuoli]
mosquete (m)	musketti	[musketti]
besta (f)	jalkajousi	[jalka·jousi]

115. Povos da antiguidade

primitivo	alkukantainen	[alkukantajnen]
pré-histórico	esihistoriallinen	[esihistoriallinen]
antigo	muinainen	[mujnajnen]
Idade (f) da Pedra	kivikausi	[kiui·kausi]
Idade (f) do Bronze	pronssikausi	[pronssi·kausi]
período (m) glacial	jääkausi	[jæ:kausi]
tribo (f)	heimo	[hejmo]
canibal (m)	ihmissyöjä	[ihmis·syøjæ]
caçador (m)	metsästäjä	[metsæstæjæ]
caçar (vi)	metsästää	[metsæstæ:]
mamute (m)	mammutti	[mammutti]
caverna (f)	luola	[luola]
fogo (m)	tuli	[tuli]
fogueira (f)	nuotio	[nuotio]
pintura (f) rupestre	kalliomaalaus	[kallio·ma:laus]
ferramenta (f)	työväline	[tyø·uæline]
lança (f)	keihäs	[kejhæs]
machado (m) de pedra	kivikirves	[kiui·kirues]
guerrear (vt)	sotia	[sotia]
domesticar (vt)	kesyttää	[kesyttæ:]
ídolo (m)	epäjumala	[epæ·jumala]
adorar, venerar (vt)	palvoa	[paluoa]
superstição (f)	taikausko	[tajka·usko]
ritual (m)	riitti	[ri:tti]
evolução (f)	evoluutio	[euolu:tio]
desenvolvimento (m)	kehitys	[kehitys]
desaparecimento (m)	katoaminen	[katoaminen]
adaptar-se (vr)	sopeutua	[sopeutua]
arqueologia (f)	arkeologia	[arkeologia]
arqueólogo (m)	arkeologi	[arkeologi]
arqueológico	muinaistieteellinen	[mujnajs·tiete:llinen]
local (m) das escavações	kaivauskohde	[kajuaus·kohde]
escavações (f pl)	kaivaus	[kajuaus]
achado (m)	löytö	[løytø]
fragmento (m)	katkelma	[katkelma]

116. Idade média

povo (m)	kansa	[kansa]
povos (m pl)	kansat	[kansat]
tribo (f)	heimo	[hejmo]
tribos (f pl)	heimot	[hejmot]
bárbaros (m pl)	barbaarit	[barba:rit]

gauleses (m pl)	gallialaiset	[gallialajset]
godos (m pl)	gootit	[go:tit]
eslavos (m pl)	slaavit	[sla:ʋit]
víquingues (m pl)	viikingit	[ʋi:kiŋit]
romanos (m pl)	roomalaiset	[ro:malajset]
romano	roomalainen	[ro:malajnen]
bizantinos (m pl)	bysanttilaiset	[bysanttilajset]
Bizâncio	Bysantti	[bysantti]
bizantino	bysanttilainen	[bysanttilajnen]
imperador (m)	keisari	[kejsari]
líder (m)	päällikkö	[pæ:llikkø]
poderoso	voimakas	[ʋojmakas]
rei (m)	kuningas	[kuniŋas]
governante (m)	hallitsija	[hallitsija]
cavaleiro (m)	ritari	[ritari]
senhor feudal (m)	feodaaliherra	[feoda:li·herra]
feudal	feodaali-	[feoda:li]
vassalo (m)	vasalli	[ʋasalli]
duque (m)	herttua	[herttua]
conde (m)	jaarli	[ja:rli]
barão (m)	paroni	[paroni]
bispo (m)	piispa	[pi:spa]
armadura (f)	haarniska	[ha:rniska]
escudo (m)	kilpi	[kilpi]
espada (f)	miekka	[miekka]
viseira (f)	visiiri	[ʋisi:ri]
cota (f) de malha	silmukkapanssari	[silmukka·panssari]
cruzada (f)	ristiretki	[risti·retki]
cruzado (m)	ristiretkeläinen	[ristiretke·læjnen]
território (m)	alue	[alue]
atacar (vt)	hyökätä	[hyøkætæ]
conquistar (vt)	valloittaa	[ʋallojtta:]
ocupar, invadir (vt)	miehittää	[miehittæ:]
assédio, sítio (m)	piiritys	[pi:ritys]
sitiado	piiritetty	[pi:ritetty]
assediar, sitiar (vt)	piirittää	[pi:rittæ:]
inquisição (f)	inkvisitio	[iŋkʋisitio]
inquisidor (m)	inkvisiittori	[iŋkʋisi:ttori]
tortura (f)	kidutus	[kidutus]
cruel	julma	[julma]
herege (m)	harhaoppinen	[harhaoppinen]
heresia (f)	harhaoppi	[harha·oppi]
navegação (f) marítima	merenkulku	[mereŋ·kulku]
pirata (m)	merirosvo	[meri·rosʋo]
pirataria (f)	merirosvous	[meri·rosʋous]

abordagem (f)	entraus	[entraus]
presa (f), butim (m)	saalis	[sɑ:lis]
tesouros (m pl)	aarteet	[ɑ:rte:t]
descobrimento (m)	löytö	[løytø]
descobrir (novas terras)	avata	[ɑʋɑtɑ]
expedição (f)	retki	[retki]
mosqueteiro (m)	muskettisoturi	[musketti·soturi]
cardeal (m)	kardinaali	[kɑrdinɑ:li]
heráldica (f)	heraldiikka	[herɑldi:kkɑ]
heráldico	heraldinen	[herɑldinen]

117. Líder. Chefe. Autoridades

rei (m)	kuningas	[kuniŋɑs]
rainha (f)	kuningatar	[kuniŋɑtɑr]
real	kuningas-	[kuniŋɑs]
reino (m)	kuningaskunta	[kuniŋɑs·kuntɑ]
príncipe (m)	prinssi	[prinssi]
princesa (f)	prinsessa	[prinsessɑ]
presidente (m)	presidentti	[presidentti]
vice-presidente (m)	varapresidentti	[ʋɑrɑ·presidentti]
senador (m)	senaattori	[senɑ:ttori]
monarca (m)	monarkki	[monɑrkki]
governante (m)	hallitsija	[hɑllitsijɑ]
ditador (m)	diktaattori	[diktɑ:ttori]
tirano (m)	tyranni	[tyrɑnni]
magnata (m)	magnaatti	[mɑgnɑ:tti]
diretor (m)	johtaja	[johtɑjɑ]
chefe (m)	esimies	[esimies]
dirigente (m)	johtaja	[johtɑjɑ]
patrão (m)	pomo	[pomo]
dono (m)	omistaja	[omistɑjɑ]
líder, chefe (m)	johtaja	[johtɑjɑ]
chefe (~ de delegação)	johtaja	[johtɑjɑ]
autoridades (f pl)	viranomaiset	[ʋirɑnomɑjset]
superiores (m pl)	esimiehet	[esimiehet]
governador (m)	kuvernööri	[kuʋernø:ri]
cônsul (m)	konsuli	[konsuli]
diplomata (m)	diplomaatti	[diplomɑ:tti]
Presidente (m) da Câmara	kaupunginjohtaja	[kɑupuŋin·johtɑjɑ]
xerife (m)	seriffi	[seriffi]
imperador (m)	keisari	[kejsɑri]
czar (m)	tsaari	[tsɑ:ri]
faraó (m)	farao	[fɑrɑo]
cã (m)	kaani	[kɑ:ni]

118. Viloação da lei. Criminosos. Parte 1

bandido (m)	rosvo	[rosʋo]
crime (m)	rikos	[rikos]
criminoso (m)	rikollinen	[rikollinen]
ladrão (m)	varas	[ʋaras]
roubar (vt)	varastaa	[ʋarasta:]
furto, roubo (m)	varkaus	[ʋarkaus]
furto (m)	varkaus	[ʋarkaus]
raptar (ex. ~ uma criança)	kidnapata	[kidnapata]
rapto (m)	ihmisryöstö	[ihmis·ryøstø]
raptor (m)	ihmisryöstäjä	[ihmis·ryøstæjæ]
resgate (m)	lunnaat	[lunna:t]
pedir resgate	vaatia lunnaat	[ʋa:tia lunna:t]
roubar (vt)	ryöstää	[ryøstæ:]
assalto, roubo (m)	ryöstö	[ryøstø]
assaltante (m)	ryöstäjä	[ryøstæjæ]
extorquir (vt)	kiristää	[kiristæ:]
extorsionário (m)	kiristäjä	[kiristæjæ]
extorsão (f)	kiristys	[kiristys]
matar, assassinar (vt)	murhata	[murhata]
homicídio (m)	murha	[murha]
homicida, assassino (m)	murhaaja	[murha:ja]
tiro (m)	laukaus	[laukaus]
dar um tiro	laukaista	[laukajsta]
matar a tiro	ampua alas	[ampua alas]
atirar, disparar (vi)	ampua	[ampua]
tiroteio (m)	ammunta	[ammunta]
incidente (m)	tapahtuma	[tapahtuma]
briga (~ de rua)	tappelu	[tappelu]
vítima (f)	uhri	[uhri]
danificar (vt)	vaurioittaa	[ʋauriojtta:]
dano (m)	vahinko	[ʋaɦiŋko]
cadáver (m)	ruumis	[ru:mis]
grave	törkeä	[tørkeæ]
atacar (vt)	hyökätä	[hyøkætæ]
bater (espancar)	lyödä	[lyødæ]
espancar (vt)	hakata	[hakata]
tirar, roubar (dinheiro)	rosvota	[rosʋota]
esfaquear (vt)	puukottaa	[pu:kotta:]
mutilar (vt)	vammauttaa	[ʋammautta:]
ferir (vt)	haavoittaa	[ha:ʋojtta:]
chantagem (f)	kiristys	[kiristys]
chantagear (vt)	kiristää	[kiristæ:]

chantagista (m)	kiristäjä	[kiristæjæ]
extorsão	suojelurahan kiristys	[suojeluraɦan kiristys]
(em troca de proteção)		
extorsionário (m)	kiristäjä	[kiristæjæ]
gângster (m)	gangsteri	[gaŋsteri]
máfia (f)	mafia	[mafia]

carteirista (m)	taskuvaras	[tasku·ʋaras]
assaltante, ladrão (m)	murtovaras	[murto·ʋaras]
contrabando (m)	salakuljetus	[sala·kuljetus]
contrabandista (m)	salakuljettaja	[sala·kuljettaja]

falsificação (f)	väärennös	[ʋæːrennøs]
falsificar (vt)	väärentää	[ʋæːrentæː]
falsificado	väärennetty	[ʋæːrennetty]

119. Viloação da lei. Criminosos. Parte 2

violação (f)	raiskaus	[rajskaus]
violar (vt)	raiskata	[rajskata]
violador (m)	raiskaaja	[rajskaːja]
maníaco (m)	maanikko	[maːnikko]

prostituta (f)	prostituoitu	[prostituojtu]
prostituição (f)	prostituutio	[prostituːtio]
chulo (m)	sutenööri	[sutenøːri]

toxicodependente (m)	narkomaani	[narkomaːni]
traficante (m)	huumekauppias	[huːme·kauppias]

explodir (vt)	räjäyttää	[ræjæyttæː]
explosão (f)	räjähdys	[ræjæhdys]
incendiar (vt)	sytyttää	[sytyttæː]
incendiário (m)	tuhopolttaja	[tuɦo·polttaja]

terrorismo (m)	terrorismi	[terrorismi]
terrorista (m)	terroristi	[terroristi]
refém (m)	panttivanki	[pantti·ʋaŋki]

enganar (vt)	pettää	[pettæː]
engano (m)	petos	[petos]
vigarista (m)	huijari	[huijari]

subornar (vt)	lahjoa	[lahjoa]
suborno (atividade)	lahjonta	[lahjonta]
suborno (dinheiro)	lahjus	[lahjus]

veneno (m)	myrkky	[myrkky]
envenenar (vt)	myrkyttää	[myrkyttæː]
envenenar-se (vr)	myrkyttää itsensä	[myrkyttæː itsensa]

suicídio (m)	itsemurha	[itse·murha]
suicida (m)	itsemurhaaja	[itse·murhaːja]
ameaçar (vt)	uhata	[uɦata]

ameaça (f)	uhkaus	[uhkaus]
atentar contra a vida de ...	tehdä murhayritys	[tehdæ murhayritys]
atentado (m)	murhayritys	[murha·yritys]

| roubar (o carro) | viedä | [viedæ] |
| desviar (o avião) | kaapata | [ka:pata] |

| vingança (f) | kosto | [kosto] |
| vingar (vt) | kostaa | [kosta:] |

torturar (vt)	kiduttaa	[kidutta:]
tortura (f)	kidutus	[kidutus]
atormentar (vt)	piinata	[pi:nata]

pirata (m)	merirosvo	[meri·rosvo]
desordeiro (m)	huligaani	[huliga:ni]
armado	aseellinen	[ase:llinen]
violência (f)	väkivalta	[vækivalta]
ilegal	laiton	[lajton]

| espionagem (f) | vakoilu | [vakojlu] |
| espionar (vi) | vakoilla | [vakojlla] |

120. Polícia. Lei. Parte 1

| justiça (f) | oikeus | [ojkeus] |
| tribunal (m) | tuomioistuin | [tuomiojstuin] |

juiz (m)	tuomari	[tuomari]
jurados (m pl)	valamiehistö	[valamie·histø]
tribunal (m) do júri	valamiesoikeus	[valamies·ojkeus]
julgar (vt)	tuomita	[tuomita]

advogado (m)	asianajaja	[asianajaja]
réu (m)	syytetty	[sy:tetty]
banco (m) dos réus	syytettyjen penkki	[sy:tettyjen peŋkki]

| acusação (f) | syyte | [sy:te] |
| acusado (m) | syytetty | [sy:tetty] |

| sentença (f) | tuomio | [tuomio] |
| sentenciar (vt) | tuomita | [tuomita] |

culpado (m)	syypää	[sy:pæ:]
punir (vt)	rangaista	[raŋajsta]
punição (f)	rangaistus	[raŋajstus]

multa (f)	sakko	[sakko]
prisão (f) perpétua	elinkautinen vankeustuomio	[eliŋkautinen vaŋkeus·tuomio]
pena (f) de morte	kuolemanrangaistus	[kuoleman·raŋajstus]
cadeira (f) elétrica	sähkötuoli	[sæhkø·tuoli]
forca (f)	hirsipuu	[hirsipu:]
executar (vt)	teloittaa	[telojtta:]

execução (f)	teloitus	[telojtus]
prisão (f)	vankila	[ʋaŋkila]
cela (f) de prisão	selli	[selli]

escolta (f)	saattovartio	[sɑːtto·ʋartio]
guarda (m) prisional	vanginvartija	[ʋaŋin·ʋartija]
preso (m)	vanki	[ʋaŋki]

| algemas (f pl) | käsiraudat | [kæsi·rɑudɑt] |
| algemar (vt) | panna käsirautoihin | [panna kæsi·rautojhin] |

fuga, evasão (f)	karkaus	[karkaus]
fugir (vi)	karata	[karata]
desaparecer (vi)	kadota	[kadota]
soltar, libertar (vt)	vapauttaa	[ʋapautta:]
amnistia (f)	armahdus	[armahdus]

polícia (instituição)	poliisi	[poliːsi]
polícia (m)	poliisi	[poliːsi]
esquadra (f) de polícia	poliisiasema	[poliːsi·asema]
cassetete (m)	kumipamppu	[kumi·pamppu]
megafone (m)	megafoni	[megafoni]

carro (m) de patrulha	vartioauto	[ʋartio·auto]
sirene (f)	sireeni	[sireːni]
ligar a sirene	käynnistää sireeni	[kæynnistæː sireːni]
toque (m) da sirene	sireenin ulvonta	[sireːnin ulʋonta]

cena (f) do crime	tapahtumapaikka	[tapahtuma·pajkka]
testemunha (f)	todistaja	[todistaja]
liberdade (f)	vapaus	[ʋapaus]
cúmplice (m)	rikoskumppani	[rikos·kumppani]
escapar (vi)	paeta	[paeta]
traço (não deixar ~s)	jälki	[jælki]

121. Polícia. Lei. Parte 2

procura (f)	etsintä	[etsintæ]
procurar (vt)	etsiä	[etsiæ]
suspeita (f)	epäily	[epæjly]
suspeito	epäilyttävä	[epæjlyttæʋæ]
parar (vt)	pysäyttää	[pysæyttæː]
deter (vt)	pidättää	[pidættæː]

caso (criminal)	asia	[asia]
investigação (f)	tutkinta	[tutkinta]
detetive (m)	etsivä	[etsiʋæ]
investigador (m)	rikostutkija	[rikos·tutkija]
versão (f)	hypoteesi	[hypoteːsi]

motivo (m)	motiivi	[motiːʋi]
interrogatório (m)	kuulustelu	[kuːlustelu]
interrogar (vt)	kuulustella	[kuːlustella]
questionar (vt)	kuulustella	[kuːlustella]

verificação (f)	tarkastus	[tɑrkɑstus]
batida (f) policial	ratsia	[rɑtsiɑ]
busca (f)	etsintä	[etsintæ]
perseguição (f)	takaa-ajo	[tɑkɑ:ɑjo]
perseguir (vt)	ajaa takaa	[ɑjɑ: tɑkɑ:]
seguir (vt)	jäljittää	[jæljittæ:]
prisão (f)	vangitseminen	[ʋɑɲitseminen]
prender (vt)	vangita	[ʋɑɲitɑ]
pegar, capturar (vt)	ottaa kiinni	[ottɑ: ki:nni]
captura (f)	vangitseminen	[ʋɑɲitseminen]
documento (m)	asiakirja	[ɑsiɑ·kirjɑ]
prova (f)	todiste	[todiste]
provar (vt)	todistaa	[todistɑ:]
pegada (f)	jalanjälki	[jɑlɑn·jælki]
impressões (f pl) digitais	sormenjäljet	[sormen·jæljet]
prova (f)	todiste	[todiste]
álibi (m)	alibi	[ɑlibi]
inocente	syytön	[sy:tøn]
injustiça (f)	epäoikeudenmukaisuus	[epæojkeuden·mukɑjsu:s]
injusto	epäoikeudenmukainen	[epæojkeuden·mukɑjnen]
criminal	rikollinen	[rikollinen]
confiscar (vt)	takavarikoida	[tɑkɑʋɑrikojdɑ]
droga (f)	huume	[hu:me]
arma (f)	ase	[ɑse]
desarmar (vt)	riisua aseista	[ri:suɑ ɑsejstɑ]
ordenar (vt)	käskeä	[kæskeæ]
desaparecer (vi)	kadota	[kɑdotɑ]
lei (f)	laki	[lɑki]
legal	laillinen	[lɑjllinen]
ilegal	laiton	[lɑjton]
responsabilidade (f)	vastuu	[ʋɑstu:]
responsável	vastuunalainen	[ʋɑstu:nɑlɑjnen]

NATUREZA

A Terra. Parte 1

122. Espaço sideral

cosmos (m)	avaruus	[ɑuɑru:s]
cósmico	avaruus-	[ɑuɑru:s]
espaço (m) cósmico	avaruus	[ɑuɑru:s]
mundo (m)	maailma	[mɑ:jlmɑ]
universo (m)	maailmankaikkeus	[mɑ:ilmɑn·kɑjkkeus]
galáxia (f)	galaksi	[gɑlɑksi]
estrela (f)	tähti	[tæhti]
constelação (f)	tähtikuvio	[tæhti·kuvio]
planeta (m)	planeetta	[plɑne:ttɑ]
satélite (m)	satelliitti	[sɑtelli:tti]
meteorito (m)	meteoriitti	[meteori:tti]
cometa (m)	pyrstötähti	[pyrstø·tæhti]
asteroide (m)	asteroidi	[ɑsterojdi]
órbita (f)	kiertorata	[kierto·rɑtɑ]
girar (vi)	kiertää	[kærtæ:]
atmosfera (f)	ilmakehä	[ilmɑkeɦæ]
Sol (m)	Aurinko	[ɑuriŋko]
Sistema (m) Solar	Aurinkokunta	[ɑuriŋko·kuntɑ]
eclipse (m) solar	auringonpimennys	[ɑuriŋon·pimeŋys]
Terra (f)	Maa	[mɑ:]
Lua (f)	Kuu	[ku:]
Marte (m)	Mars	[mɑrs]
Vénus (f)	Venus	[venus]
Júpiter (m)	Jupiter	[jupiter]
Saturno (m)	Saturnus	[sɑturnus]
Mercúrio (m)	Merkurius	[merkurius]
Urano (m)	Uranus	[urɑnus]
Neptuno (m)	Neptunus	[neptunus]
Plutão (m)	Pluto	[pluto]
Via Láctea (f)	Linnunrata	[linnun·rɑtɑ]
Ursa Maior (f)	Otava	[otɑvɑ]
Estrela Polar (f)	Pohjantähti	[pohjɑn·tæhti]
marciano (m)	marsilainen	[mɑrsilɑjnen]
extraterrestre (m)	avaruusolio	[ɑvɑru:soljo]

alienígena (m)	avaruusolento	[ɑvɑru:s·olento]
disco (m) voador	lentävä lautanen	[lentæʋæ lɑutɑnen]
nave (f) espacial	avaruusalus	[ɑvɑru:s·alus]
estação (f) orbital	avaruusasema	[ɑvɑru:s·asemɑ]
lançamento (m)	startti	[stɑrtti]
motor (m)	moottori	[mo:ttori]
bocal (m)	suutin	[su:tin]
combustível (m)	polttoaine	[poltto·ɑjne]
cabine (f)	ohjaamo	[ohjɑ:mo]
antena (f)	antenni	[ɑntenni]
vigia (f)	valoventtiili	[ʋɑloʋentti:li]
bateria (f) solar	aurinkokennosto	[ɑuriŋko·keŋosto]
traje (m) espacial	avaruuspuku	[ɑvɑru:s·puku]
imponderabilidade (f)	painottomuus	[pɑjnottomu:s]
oxigénio (m)	happi	[hɑppi]
acoplagem (f)	telakointi	[telɑkojnti]
fazer uma acoplagem	tehdä telakointi	[tehdæ telɑkojnti]
observatório (m)	observatorio	[obserʋɑtorio]
telescópio (m)	teleskooppi	[telesko:ppi]
observar (vt)	tarkkailla	[tɑrkkɑjllɑ]
explorar (vt)	tutkia	[tutkiɑ]

123. A Terra

Terra (f)	Maa	[mɑ:]
globo terrestre (Terra)	maapallo	[mɑ:pɑllo]
planeta (m)	planeetta	[plɑne:ttɑ]
atmosfera (f)	ilmakehä	[ilmɑkeɦæ]
geografia (f)	maantiede	[mɑ:n·tiede]
natureza (f)	luonto	[luonto]
globo (mapa esférico)	karttapallo	[kɑrttɑ·pɑllo]
mapa (m)	kartta	[kɑrttɑ]
atlas (m)	atlas	[ɑtlɑs]
Europa (f)	Eurooppa	[euro:ppɑ]
Ásia (f)	Aasia	[ɑ:siɑ]
África (f)	Afrikka	[ɑfrikkɑ]
Austrália (f)	Australia	[ɑustrɑliɑ]
América (f)	Amerikka	[ɑmerikkɑ]
América (f) do Norte	Pohjois-Amerikka	[pohjois·ɑmerikkɑ]
América (f) do Sul	Etelä-Amerikka	[etelæ·ɑmerikkɑ]
Antártida (f)	Etelämanner	[etelæmɑnner]
Ártico (m)	Arktis	[ɑrktis]

124. Pontos cardeais

norte (m)	pohjola	[pohjola]
para norte	pohjoiseen	[pohjoise:n]
no norte	pohjoisessa	[pohjoisessa]
do norte	pohjois-, pohjoinen	[pohjois], [pohjoinen]
sul (m)	etelä	[etelæ]
para sul	etelään	[etelæ:n]
no sul	etelässä	[etelæssæ]
do sul	etelä-, eteläinen	[etelæ], [etelæjnen]
oeste, ocidente (m)	länsi	[lænsi]
para oeste	länteen	[lænte:n]
no oeste	lännessä	[lænnessæ]
ocidental	länsi-, läntinen	[lænsi], [læntinen]
leste, oriente (m)	itä	[itæ]
para leste	itään	[itæ:n]
no leste	idässä	[idæssæ]
oriental	itä-, itäinen	[itæ], [itæjnen]

125. Mar. Oceano

mar (m)	meri	[meri]
oceano (m)	valtameri	[ʋalta·meri]
golfo (m)	lahti	[lɑhti]
estreito (m)	salmi	[sɑlmi]
terra (f) firme	maa	[mɑ:]
continente (m)	manner	[mɑnner]
ilha (f)	saari	[sɑ:ri]
península (f)	niemimaa	[niemi·mɑ:]
arquipélago (m)	saaristo	[sɑ:risto]
baía (f)	lahti, poukama	[lɑhti], [poukɑmɑ]
porto (m)	satama	[sɑtɑmɑ]
lagoa (f)	laguuni	[lɑgu:ni]
cabo (m)	niemi	[niemi]
atol (m)	atolli	[atolli]
recife (m)	riutta	[riuttɑ]
coral (m)	koralli	[korɑlli]
recife (m) de coral	koralliriutta	[korɑlli·riuttɑ]
profundo	syvä	[syʋæ]
profundidade (f)	syvyys	[syʋy:s]
abismo (m)	syvänne	[syʋænne]
fossa (f) oceânica	hauta	[hɑutɑ]
corrente (f)	virta	[ʋirtɑ]
banhar (vt)	huuhdella	[hu:hdellɑ]
litoral (m)	merenranta	[meren·rɑntɑ]

costa (f)	rannikko	[rannikko]
maré (f) alta	vuoksi	[ʋuoksi]
refluxo (m), maré (f) baixa	laskuvesi	[lasku·ʋesi]
restinga (f)	matalikko	[matalikko]
fundo (m)	pohja	[pohja]

onda (f)	aalto	[a:lto]
crista (f) da onda	aallonharja	[a:llon·harja]
espuma (f)	vaahto	[ʋa:hto]

tempestade (f)	myrsky	[myrsky]
furacão (m)	hirmumyrsky	[hirmu·myrsky]
tsunami (m)	tsunami	[tsunami]
calmaria (f)	tyyni	[ty:yni]
calmo	rauhallinen	[rauhallinen]

| polo (m) | napa | [napa] |
| polar | napa-, polaarinen | [napa], [pola:rinen] |

latitude (f)	leveyspiiri	[leʋeys·pi:ri]
longitude (f)	pituus	[pitu:s]
paralela (f)	leveyspiiri	[leʋeys·pi:ri]
equador (m)	päiväntasaaja	[pæjʋæn·tasa:ja]

céu (m)	taivas	[tajʋas]
horizonte (m)	horisontti	[horisontti]
ar (m)	ilma	[ilma]

farol (m)	majakka	[majakka]
mergulhar (vi)	sukeltaa	[sukelta:]
afundar-se (vr)	upota	[upota]
tesouros (m pl)	aarteet	[a:rte:t]

126. Nomes de Mares e Oceanos

Oceano (m) Atlântico	Atlantin valtameri	[atlantin ʋalta meri]
Oceano (m) Índico	Intian valtameri	[intian ʋalta·meri]
Oceano (m) Pacífico	Tyynimeri	[ty:ni·meri]
Oceano (m) Ártico	Pohjoinen jäämeri	[pohjoinen jæ:meri]

Mar (m) Negro	Mustameri	[musta·meri]
Mar (m) Vermelho	Punainenmeri	[punajnen·meri]
Mar (m) Amarelo	Keltainenmeri	[keltajnen·meri]
Mar (m) Branco	Vienanmeri	[ʋjenan·meri]

Mar (m) Cáspio	Kaspianmeri	[kaspian·meri]
Mar (m) Morto	Kuollutmeri	[kuollut·meri]
Mar (m) Mediterrâneo	Välimeri	[ʋæli·meri]

| Mar (m) Egeu | Egeanmeri | [egean·meri] |
| Mar (m) Adriático | Adrianmeri | [adrian·meri] |

| Mar (m) Arábico | Arabianmeri | [arabian·meri] |
| Mar (m) do Japão | Japaninmeri | [japanin·meri] |

| Mar (m) de Bering | Beringinmeri | [beriŋin·meri] |
| Mar (m) da China Meridional | Etelä-Kiinan meri | [etelæ·ki:nan meri] |

Mar (m) de Coral	Korallimeri	[koralli·meri]
Mar (m) de Tasman	Tasmaninmeri	[tasmanin·meri]
Mar (m) do Caribe	Karibianmeri	[karibian·meri]

| Mar (m) de Barents | Barentsinmeri | [barentsin·meri] |
| Mar (m) de Kara | Karanmeri | [karan·meri] |

Mar (m) do Norte	Pohjanmeri	[pohjan·meri]
Mar (m) Báltico	Itämeri	[itæ·meri]
Mar (m) da Noruega	Norjanmeri	[norjan·meri]

127. Montanhas

montanha (f)	vuori	[ʋuori]
cordilheira (f)	vuorijono	[ʋuori·jono]
serra (f)	vuorenharjanne	[ʋuoren·harjanne]

cume (m)	huippu	[hujppu]
pico (m)	vuorenhuippu	[ʋuoren·hujppu]
sopé (m)	juuri	[ju:ri]
declive (m)	rinne	[rinne]

vulcão (m)	tulivuori	[tuli·ʋuori]
vulcão (m) ativo	toimiva tulivuori	[tojmiʋa tuli·ʋuori]
vulcão (m) extinto	sammunut tulivuori	[sammunut tuli·ʋuori]

erupção (f)	purkaus	[purkaus]
cratera (f)	kraatteri	[kra:teri]
magma (m)	magma	[magma]
lava (f)	laava	[la:ʋa]
fundido (lava ~a)	sulaa, hehkuva	[sula:], [hehkuʋa]

desfiladeiro (m)	kanjoni	[kanjoni]
garganta (f)	rotko	[rotko]
fenda (f)	halkeama	[halkeama]
precipício (m)	kuilu	[kujlu]

passo, colo (m)	sola	[sola]
planalto (m)	ylätasanko	[ylæ·tasaŋko]
falésia (f)	kalju	[kalju]
colina (f)	mäki	[mæki]

glaciar (m)	jäätikkö	[jæ:tikkø]
queda (f) d'água	vesiputous	[ʋesi·putous]
géiser (m)	geisir	[gejsir]
lago (m)	järvi	[jærʋi]

planície (f)	tasanko	[tasaŋko]
paisagem (f)	maisema	[majsema]
eco (m)	kaiku	[kajku]
alpinista (m)	vuorikiipeilijä	[ʋuori·ki:pejlijæ]

escalador (m)	vuorikiipeilijä	[ʋuori·kiːpejlijæ]
conquistar (vt)	valloittaa	[ʋallojttaː]
subida, escalada (f)	nousu	[nousu]

128. Nomes de montanhas

Alpes (m pl)	Alpit	[alpit]
monte Branco (m)	Mont Blanc	[monblaŋ]
Pirineus (m pl)	Pyreneet	[pyrineːt]

Cárpatos (m pl)	Karpaatit	[karpaːtit]
montes (m pl) Urais	Ural	[ural]
Cáucaso (m)	Kaukasus	[kaukasus]
Elbrus (m)	Elbrus	[elbrus]

Altai (m)	Altai	[altaj]
Tian Shan (m)	Tienšan	[tien·ʃan]
Pamir (m)	Pamir	[pamir]
Himalaias (m pl)	Himalaja	[himalaja]
monte (m) Everest	Mount Everest	[maunt eʋerest]

| Cordilheira (f) dos Andes | Andit | [andit] |
| Kilimanjaro (m) | Kilimanjaro | [kilimanjaro] |

129. Rios

rio (m)	joki	[joki]
fonte, nascente (f)	lähde	[læhde]
leito (m) do rio	uoma	[uoma]
bacia (f)	joen vesistö	[joen ʋesistø]
desaguar no ...	laskea	[laskea]

| afluente (m) | sivujoki | [siʋu·joki] |
| margem (do rio) | ranta | [ranta] |

corrente (f)	virta	[ʋirta]
rio abaixo	myötävirtaan	[myøtæʋirtaːn]
rio acima	ylävirtaan	[ylæ·ʋirtaːn]

inundação (f)	tulva	[tulʋa]
cheia (f)	kevättulva	[keʋæt·tulʋa]
transbordar (vi)	tulvia	[tulʋia]
inundar (vt)	upottaa	[upottaː]

| banco (m) de areia | matalikko | [matalikko] |
| rápidos (m pl) | koski | [koski] |

barragem (f)	pato	[pato]
canal (m)	kanava	[kanaʋa]
reservatório (m) de água	vedensäiliö	[ʋeden·sæjliø]
eclusa (f)	sulku	[sulku]
corpo (m) de água	vesistö	[ʋesistø]

pântano (m)	suo	[suo]
tremedal (m)	hete	[hete]
remoinho (m)	vesipyörre	[ʋesi·pyørre]
arroio, regato (m)	puro	[puro]
potável	juoma-	[yoma]
doce (água)	makea	[makea]
gelo (m)	jää	[jæ:]
congelar-se (vr)	jäätyä	[jæ:tyæ]

130. Nomes de rios

rio Sena (m)	Seine	[sen]
rio Loire (m)	Loire	[luɑ:r]
rio Tamisa (m)	Thames	[tæms]
rio Reno (m)	Rein	[rejn]
rio Danúbio (m)	Tonava	[tonɑʋɑ]
rio Volga (m)	Volga	[ʋolgɑ]
rio Don (m)	Don	[don]
rio Lena (m)	Lena	[lenɑ]
rio Amarelo (m)	Keltainenjoki	[keltajnen·joki]
rio Yangtzé (m)	Jangtse	[jaŋtse]
rio Mekong (m)	Mekong	[mekoŋ]
rio Ganges (m)	Ganges	[gaŋes]
rio Nilo (m)	Niili	[ni:li]
rio Congo (m)	Kongo	[koŋo]
rio Cubango (m)	Okavango	[okaʋaŋo]
rio Zambeze (m)	Sambesi	[sɑmbesi]
rio Limpopo (m)	Limpopo	[limpopo]
rio Mississípi (m)	Mississippi	[mississippi]

131. Floresta

floresta (f), bosque (m)	metsä	[metsæ]
florestal	metsä-	[metsæ]
mata (f) cerrada	tiheikkö	[tiɦejkkø]
arvoredo (m)	lehto	[lehto]
clareira (f)	aho	[aɦo]
matagal (m)	tiheikkö	[tiɦejkkø]
mato (m)	pensasaro	[pensɑs·ɑro]
vereda (f)	polku	[polku]
ravina (f)	rotko	[rotko]
árvore (f)	puu	[pu:]
folha (f)	lehti	[lehti]

folhagem (f)	lehvistö	[lehʋistø]
queda (f) das folhas	lehdenlähtö	[lehden·læhtø]
cair (vi)	karista	[karista]
topo (m)	latva	[latʋa]
ramo (m)	oksa	[oksa]
galho (m)	oksa	[oksa]
botão, rebento (m)	silmu	[silmu]
agulha (f)	neulanen	[neulanen]
pinha (f)	käpy	[kæpy]
buraco (m) de árvore	pesäkolo	[pesæ·kolo]
ninho (m)	pesä	[pesæ]
toca (f)	kolo	[kolo]
tronco (m)	runko	[ruŋko]
raiz (f)	juuri	[juːri]
casca (f) de árvore	kuori	[kuori]
musgo (m)	sammal	[sammal]
arrancar pela raiz	juuria	[juːria]
cortar (vt)	hakata	[hakata]
desflorestar (vt)	kaataa puita	[kaːtaː pujta]
toco, cepo (m)	kanto	[kanto]
fogueira (f)	nuotio	[nuotio]
incêndio (m) florestal	metsäpalo	[metsæ·palo]
apagar (vt)	sammuttaa	[sammuttaː]
guarda-florestal (m)	metsänvartija	[metsæn·ʋartija]
proteção (f)	suojelu	[suojelu]
proteger (a natureza)	suojella	[suojella]
caçador (m) furtivo	salametsästäjä	[sala·metsæstæjæ]
armadilha (f)	raudat	[raudat]
colher (cogumelos)	sienestää	[sienestæː]
colher (bagas)	marjastaa	[marjastaː]
perder-se (vr)	eksyä	[eksyæ]

132. Recursos naturais

recursos (m pl) naturais	luonnonvarat	[luonnon·ʋarat]
minerais (m pl)	fossiiliset resurssit	[fossiːliset resurssit]
depósitos (m pl)	esiintymä	[esiːntymæ]
jazida (f)	kenttä	[kenttæ]
extrair (vt)	louhia	[louhia]
extração (f)	kaivostoiminta	[kajʋos·tojminta]
minério (m)	malmi	[malmi]
mina (f)	kaivos	[kajʋos]
poço (m) de mina	kaivos	[kajʋos]
mineiro (m)	kaivosmies	[kajʋosmies]
gás (m)	kaasu	[kaːsu]
gasoduto (m)	maakaasuputki	[maːkaːsu·putki]

petróleo (m)	öljy	[øljy]
oleoduto (m)	öljyjohto	[øljy·johto]
poço (m) de petróleo	öljynporausreikä	[øljyn·poraus·rejkæ]
torre (f) petrolífera	öljynporaustorni	[øljyn·poraus·torni]
petroleiro (m)	tankkilaiva	[taŋkki·lajʋa]

areia (f)	hiekka	[hiekka]
calcário (m)	kalkkikivi	[kalkki·kiʋi]
cascalho (m)	sora	[sora]
turfa (f)	turve	[turʋe]
argila (f)	savi	[saʋi]
carvão (m)	hiili	[hi:li]

ferro (m)	rauta	[rauta]
ouro (m)	kulta	[kulta]
prata (f)	hopea	[hopea]
níquel (m)	nikkeli	[nikkeli]
cobre (m)	kupari	[kupari]

zinco (m)	sinkki	[siŋkki]
manganês (m)	mangaani	[maŋa:ni]
mercúrio (m)	elohopea	[elo·hopea]
chumbo (m)	lyijy	[lyjy]

mineral (m)	mineraali	[minera:li]
cristal (m)	kristalli	[kristalli]
mármore (m)	marmori	[marmori]
urânio (m)	uraani	[ura:ni]

A Terra. Parte 2

133. Tempo

tempo (m)	sää	[sæ:]
previsão (f) do tempo	sääennuste	[sæ:ennuste]
temperatura (f)	lämpötila	[læmpøtila]
termómetro (m)	lämpömittari	[læmpø·mittari]
barómetro (m)	ilmapuntari	[ilma·puntari]
húmido	kostea	[kostea]
humidade (f)	kosteus	[kosteus]
calor (m)	helle	[helle]
cálido	kuuma	[ku:ma]
está muito calor	on kuumaa	[on ku:ma:]
está calor	on lämmintä	[on læmmintæ]
quente	lämmin	[læmmin]
está frio	on kylmää	[on kylmæ:]
frio	kylmä	[kylmæ]
sol (m)	aurinko	[auriŋko]
brilhar (vi)	paistaa	[pajsta:]
de sol, ensolarado	aurinkoinen	[auriŋkojnen]
nascer (vi)	nousta	[nousta]
pôr-se (vr)	istuutua	[istu:tua]
nuvem (f)	pilvi	[pilʋi]
nublado	pilvinen	[pilʋinen]
nuvem (f) preta	sadepilvi	[sade·pilʋi]
escuro, cinzento	hämärä	[hæmæræ]
chuva (f)	sade	[sade]
está a chover	sataa vettä	[sata: ʋettæ]
chuvoso	sateinen	[satejnen]
chuviscar (vi)	vihmoa	[ʋihmoa]
chuva (f) torrencial	kaatosade	[ka:to·sade]
chuvada (f)	rankkasade	[raŋkka·sade]
forte (chuva)	rankka	[raŋkka]
poça (f)	lätäkkö	[lætækkø]
molhar-se (vr)	tulla märäksi	[tulla mæræksi]
nevoeiro (m)	sumu	[sumu]
de nevoeiro	sumuinen	[sumujnen]
neve (f)	lumi	[lumi]
está a nevar	sataa lunta	[sata: lunta]

134. Tempo extremo. Catástrofes naturais

trovoada (f)	ukkonen	[ukkonen]
relâmpago (m)	salama	[salama]
relampejar (vi)	välkkyä	[vælkkyæ]
trovão (m)	ukkonen	[ukkonen]
trovejar (vi)	jyristä	[yristæ]
está a trovejar	ukkonen jyrisee	[ukkonen yrise:]
granizo (m)	raesade	[raesade]
está a cair granizo	sataa rakeita	[sata: rakejta]
inundar (vt)	upottaa	[upotta:]
inundação (f)	tulva	[tulʋa]
terremoto (m)	maanjäristys	[mɑ:n·jaristys]
abalo, tremor (m)	maantärähdys	[mɑ:n·tæræhdys]
epicentro (m)	episentrumi	[episentrumi]
erupção (f)	purkaus	[purkaus]
lava (f)	laava	[lɑ:ʋa]
turbilhão (m)	pyörremyrsky	[pyørre·myrsky]
tornado (m)	tornado	[tornado]
tufão (m)	taifuuni	[tajfu:ni]
furacão (m)	hirmumyrsky	[hirmu·myrsky]
tempestade (f)	myrsky	[myrsky]
tsunami (m)	tsunami	[tsunami]
ciclone (m)	sykloni	[sykloni]
mau tempo (m)	koiranilma	[kojran·ilma]
incêndio (m)	palo	[palo]
catástrofe (f)	katastrofi	[katastrofi]
meteorito (m)	meteoriitti	[meteori:tti]
avalanche (f)	lumivyöry	[lumi·ʋyøry]
deslizamento (m) de neve	lumivyöry	[lumi·ʋyøry]
nevasca (f)	pyry	[pyry]
tempestade (f) de neve	pyry	[pyry]

Fauna

135. Mamíferos. Predadores

predador (m)	peto	[peto]
tigre (m)	tiikeri	[ti:keri]
leão (m)	leijona	[leijɑnɑ]
lobo (m)	susi	[susi]
raposa (f)	kettu	[kettu]
jaguar (m)	jaguaari	[jɑguɑ:ri]
leopardo (m)	leopardi	[leopɑrdi]
chita (f)	gepardi	[gepɑrdi]
pantera (f)	pantteri	[pɑntteri]
puma (m)	puuma	[pu:mɑ]
leopardo-das-neves (m)	lumileopardi	[lumi·leopɑrdi]
lince (m)	ilves	[ilʋes]
coiote (m)	kojootti	[kojo:tti]
chacal (m)	sakaali	[sɑkɑ:li]
hiena (f)	hyeena	[hye:nɑ]

136. Animais selvagens

animal (m)	eläin	[elæjn]
besta (f)	peto	[peto]
esquilo (m)	orava	[orɑʋɑ]
ouriço (m)	siili	[si:li]
lebre (f)	jänis	[jænis]
coelho (m)	kaniini	[kɑni:ni]
texugo (m)	mäyrä	[mæuræ]
guaxinim (m)	pesukarhu	[pesu·kɑrhu]
hamster (m)	hamsteri	[hɑmsteri]
marmota (f)	murmeli	[murmeli]
toupeira (f)	maamyyrä	[mɑ:my:ræ]
rato (m)	hiiri	[hi:ri]
ratazana (f)	rotta	[rotta]
morcego (m)	lepakko	[lepɑkko]
arminho (m)	kärppä	[kærppæ]
zibelina (f)	soopeli	[so:peli]
marta (f)	näätä	[næ:tæ]
doninha (f)	lumikko	[lumikko]
vison (m)	minkki	[miŋkki]

| castor (m) | majava | [majaʋa] |
| lontra (f) | saukko | [saukko] |

cavalo (m)	hevonen	[heʋonen]
alce (m)	hirvi	[hirʋi]
veado (m)	poro	[poro]
camelo (m)	kameli	[kameli]

bisão (m)	biisoni	[biːsoni]
auroque (m)	visentti	[ʋisentti]
búfalo (m)	puhveli	[puhʋeli]

zebra (f)	seepra	[seːpra]
antílope (m)	antilooppi	[antiloːppi]
corça (f)	metsäkauris	[metsæ·kauris]
gamo (m)	kuusipeura	[kuːsi·peura]
camurça (f)	gemssi	[gemssi]
javali (m)	villisika	[ʋilli·sika]

baleia (f)	valas	[ʋalas]
foca (f)	hylje	[hylje]
morsa (f)	mursu	[mursu]
urso-marinho (m)	merikarhu	[meri·karhu]
golfinho (m)	delfiini	[delfiːni]

urso (m)	karhu	[karhu]
urso (m) branco	jääkarhu	[jæːkarhu]
panda (m)	panda	[panda]

macaco (em geral)	apina	[apina]
chimpanzé (m)	simpanssi	[simpanssi]
orangotango (m)	oranki	[oraŋki]
gorila (m)	gorilla	[gorilla]
macaco (m)	makaki	[makaki]
gibão (m)	gibboni	[gibboni]

elefante (m)	norsu	[norsu]
rinoceronte (m)	sarvikuono	[sarʋi·kuono]
girafa (f)	kirahvi	[kirahʋi]
hipopótamo (m)	virtahepo	[ʋirta·hepo]

| canguru (m) | kenguru | [keŋuru] |
| coala (m) | pussikarhu | [pussi·karhu] |

mangusto (m)	faaraorotta	[faːrao·rotta]
chinchila (m)	sinsilla	[sinsilla]
doninha-fedorenta (f)	haisunäätä	[hajsunæːtæ]
porco-espinho (m)	piikkisika	[piːkki·sika]

137. Animais domésticos

gata (f)	kissa	[kissa]
gato (m) macho	kollikissa	[kolli·kissa]
cão (m)	koira	[kojra]

Portuguese	Finnish	IPA
cavalo (m)	hevonen	[heʋonen]
garanhão (m)	ori	[ori]
égua (f)	tamma	[tamma]
vaca (f)	lehmä	[lehmæ]
touro (m)	sonni	[sonni]
boi (m)	härkä	[hærkæ]
ovelha (f)	lammas	[lammas]
carneiro (m)	pässi	[pæssi]
cabra (f)	vuohi	[ʋuoɦi]
bode (m)	pukki	[pukki]
burro (m)	aasi	[ɑːsi]
mula (f)	muuli	[muːli]
porco (m)	sika	[sikɑ]
leitão (m)	porsas	[porsas]
coelho (m)	kaniini	[kaniːni]
galinha (f)	kana	[kana]
galo (m)	kukko	[kukko]
pata (f)	ankka	[aŋkka]
pato (macho)	urosankka	[uros·aŋkka]
ganso (m)	hanhi	[hanhi]
peru (m)	uroskalkkuna	[uros·kalkkuna]
perua (f)	kalkkuna	[kalkkuna]
animais (m pl) domésticos	kotieläimet	[koti·elæjmet]
domesticado	kesy	[kesy]
domesticar (vt)	kesyttää	[kesyttæː]
criar (vt)	kasvattaa	[kasʋattaː]
quinta (f)	farmi	[farmi]
aves (f pl) domésticas	siipikarja	[siːpi·karja]
gado (m)	karja	[karja]
rebanho (m), manada (f)	lauma	[lauma]
estábulo (m)	hevostalli	[heʋos·talli]
pocilga (f)	sikala	[sikala]
estábulo (m)	navetta	[naʋetta]
coelheira (f)	kanikoppi	[kani·koppi]
galinheiro (m)	kanala	[kanala]

138. Pássaros

Portuguese	Finnish	IPA
pássaro (m), ave (f)	lintu	[lintu]
pombo (m)	kyyhky	[kyːhky]
pardal (m)	varpunen	[ʋarpunen]
chapim-real (m)	tiainen	[tiajnen]
pega-rabuda (f)	harakka	[harakka]
corvo (m)	korppi	[korppi]

gralha (f) cinzenta	varis	[ʋaris]
gralha-de-nuca-cinzenta (f)	naakka	[nɑ:kkɑ]
gralha-calva (f)	mustavaris	[mustɑ·ʋaris]
pato (m)	ankka	[aŋkkɑ]
ganso (m)	hanhi	[hanhi]
faisão (m)	fasaani	[fɑsɑ:ni]
águia (f)	kotka	[kotkɑ]
açor (m)	haukka	[haukkɑ]
falcão (m)	jalohaukka	[jɑlo·haukkɑ]
abutre (m)	korppikotka	[korppi·kotkɑ]
condor (m)	kondori	[kondori]
cisne (m)	joutsen	[joutsen]
grou (m)	kurki	[kurki]
cegonha (f)	haikara	[hɑjkɑrɑ]
papagaio (m)	papukaija	[pɑpukaijɑ]
beija-flor (m)	kolibri	[kolibri]
pavão (m)	riikinkukko	[ri:kiŋ·kukko]
avestruz (m)	strutsi	[strutsi]
garça (f)	haikara	[hɑjkɑrɑ]
flamingo (m)	flamingo	[flɑmiŋo]
pelicano (m)	pelikaani	[pelikɑ:ni]
rouxinol (m)	satakieli	[sɑtɑ·kieli]
andorinha (f)	pääskynen	[pæ:skynen]
tordo-zornal (m)	rastas	[rɑstɑs]
tordo-músico (m)	laulurastas	[lɑulu·rɑstɑs]
melro-preto (m)	mustarastas	[mustɑ·rɑstɑs]
andorinhão (m)	tervapääsky	[terʋɑ·pæ:sky]
cotovia (f)	leivonen	[lejʋonen]
codorna (f)	viiriäinen	[ʋi:riæjnen]
pica-pau (m)	tikka	[tikkɑ]
cuco (m)	käki	[kæki]
coruja (f)	pöllö	[pøllø]
corujão, bufo (m)	huuhkaja	[hu:hkɑjɑ]
tetraz-grande (m)	metso	[metso]
tetraz-lira (m)	teeri	[te:ri]
perdiz-cinzenta (f)	peltopyy	[pelto·py:]
estorninho (m)	kottarainen	[kottɑrɑjnen]
canário (m)	kanarialintu	[kɑnɑriɑ·lintu]
galinha-do-mato (f)	pyy	[py:]
tentilhão (m)	peippo	[pejppo]
dom-fafe (m)	punatulkku	[punɑ·tulkku]
gaivota (f)	lokki	[lokki]
albatroz (m)	albatrossi	[ɑlbɑtrossi]
pinguim (m)	pingviini	[piŋʋi:ni]

139. Peixes. Animais marinhos

brema (f)	lahna	[lahna]
carpa (f)	karppi	[karppi]
perca (f)	ahven	[ahʋen]
siluro (m)	monni	[monni]
lúcio (m)	hauki	[hauki]
salmão (m)	lohi	[loɦi]
esturjão (m)	sampi	[sampi]
arenque (m)	silli	[silli]
salmão (m)	merilohi	[meri·loɦi]
cavala, sarda (f)	makrilli	[makrilli]
solha (f)	kampela	[kampela]
lúcio perca (m)	kuha	[kuɦa]
bacalhau (m)	turska	[turska]
atum (m)	tonnikala	[tonnikala]
truta (f)	taimen	[tajmen]
enguia (f)	ankerias	[aŋkerias]
raia elétrica (f)	rausku	[rausku]
moreia (f)	mureena	[mure:na]
piranha (f)	punapiraija	[puna·piraija]
tubarão (m)	hai	[haj]
golfinho (m)	delfiini	[delfi:ni]
baleia (f)	valas	[ʋalas]
caranguejo (m)	taskurapu	[tasku·rapu]
medusa, alforreca (f)	meduusa	[medu:sa]
polvo (m)	meritursas	[meri·tursas]
estrela-do-mar (f)	meritähti	[meri·tæhti]
ouriço-do-mar (m)	merisiili	[meri·si:li]
cavalo-marinho (m)	merihevonen	[meri·heʋonen]
ostra (f)	osteri	[osteri]
camarão (m)	katkarapu	[katkarapu]
lavagante (m)	hummeri	[hummeri]
lagosta (f)	langusti	[laŋusti]

140. Amfíbios. Répteis

serpente, cobra (f)	käärme	[kæ:rme]
venenoso	myrkky-, myrkyllinen	[myrkky], [myrkyllinen]
víbora (f)	kyy	[ky:]
cobra-capelo, naja (f)	silmälasikäärme	[silmælasi·kæ:rme]
pitão (m)	python	[python]
jiboia (f)	jättiläiskäärme	[jættilæjs·kæ:rme]
cobra-de-água (f)	turhakäärme	[turha·kæ:rme]

| cascavel (f) | kalkkarokäärme | [kalkkaro·kæ:rme] |
| anaconda (f) | anakonda | [anakonda] |

lagarto (m)	lisko	[lisko]
iguana (f)	iguaani	[igua:ni]
varano (m)	varaani	[vara:ni]
salamandra (f)	salamanteri	[salamanteri]
camaleão (m)	kameleontti	[kameleontti]
escorpião (m)	skorpioni	[skorpioni]

tartaruga (f)	kilpikonna	[kilpi·konna]
rã (f)	sammakko	[sammakko]
sapo (m)	konna	[konna]
crocodilo (m)	krokotiili	[krokoti:li]

141. Insetos

inseto (m)	hyönteinen	[hyøntejnen]
borboleta (f)	perhonen	[perhonen]
formiga (f)	muurahainen	[mu:raɦajnen]
mosca (f)	kärpänen	[kærpænen]
mosquito (m)	hyttynen	[hyttynen]
escaravelho (m)	kovakuoriainen	[kova·kuoriajnen]

vespa (f)	ampiainen	[ampiajnen]
abelha (f)	mehiläinen	[meɦilæjnen]
mamangava (f)	kimalainen	[kimalajnen]
moscardo (m)	kiiliäinen	[ki:liæjnen]

| aranha (f) | hämähäkki | [hæmæɦækki] |
| teia (f) de aranha | hämähäkinseitti | [hæmæɦækin·sejtti] |

libélula (f)	sudenkorento	[sudeŋ·korento]
gafanhoto-do-campo (m)	hepokatti	[hepokatti]
traça (f)	yöperhonen	[yø·perhonen]

barata (f)	torakka	[torakka]
carraça (f)	punkki	[puŋkki]
pulga (f)	kirppu	[kirppu]
borrachudo (m)	mäkärä	[mækæræ]

gafanhoto (m)	kulkusirkka	[kulku·sirkka]
caracol (m)	etana	[etana]
grilo (m)	sirkka	[sirkka]
pirilampo (m)	kiiltomato	[ki:lto·mato]
joaninha (f)	leppäkerttu	[leppæ·kerttu]
besouro (m)	turilas	[turilas]

sanguessuga (f)	juotikas	[juotikas]
lagarta (f)	toukka	[toukka]
minhoca (f)	kastemato	[kaste·mato]
larva (f)	toukka	[toukka]

Flora

142. Árvores

árvore (f)	puu	[pu:]
decídua	lehti-	[lehti]
conífera	havu-	[hɑʋu]
perene	ikivihreä	[ikiʋihreɑ]
macieira (f)	omenapuu	[omenɑ·pu:]
pereira (f)	päärynäpuu	[pæ:rynæ·pu:]
cerejeira (f)	linnunkirsikkapuu	[linnun·kirsikkɑpu:]
ginjeira (f)	hapankirsikkapuu	[hɑpɑn·kirsikkɑpu:]
ameixeira (f)	luumupuu	[lu:mu·pu:]
bétula (f)	koivu	[kojʋu]
carvalho (m)	tammi	[tɑmmi]
tília (f)	lehmus	[lehmus]
choupo-tremedor (m)	haapa	[hɑ:pɑ]
bordo (m)	vaahtera	[ʋɑ:htera]
espruce-europeu (m)	kuusipuu	[ku:si·pu:]
pinheiro (m)	mänty	[mænty]
alerce, lariço (m)	lehtikuusi	[lehti·ku:si]
abeto (m)	jalokuusi	[jɑloku:si]
cedro (m)	setri	[setri]
choupo, álamo (m)	poppeli	[poppeli]
tramazeira (f)	pihlaja	[pihlɑja]
salgueiro (m)	paju	[pɑju]
amieiro (m)	leppä	[leppæ]
faia (f)	pyökki	[pyøkki]
ulmeiro (m)	jalava	[jɑlɑʋɑ]
freixo (m)	saarni	[sɑ:rni]
castanheiro (m)	kastanja	[kɑstɑnja]
magnólia (f)	magnolia	[magnolia]
palmeira (f)	palmu	[pɑlmu]
cipreste (m)	sypressi	[sypressi]
mangue (m)	mangrove	[mɑŋroʋe]
embondeiro, baobá (m)	apinanleipäpuu	[ɑpinɑn·lejpæpu:]
eucalipto (m)	eukalyptus	[eukɑlyptus]
sequoia (f)	punapuu	[punɑ·pu:]

143. Arbustos

arbusto (m)	pensas	[pensɑs]
arbusto (m), moita (f)	pensaikko	[pensɑjkko]

| videira (f) | viinirypäleet | [ui:ni·rypæle:t] |
| vinhedo (m) | viinitarha | [ui:ni·tarha] |

framboeseira (f)	vadelma	[uadelma]
groselheira-preta (f)	mustaherukka	[musta·ɦerukka]
groselheira-vermelha (f)	punaherukka	[puna·ɦerukka]
groselheira (f) espinhosa	karviainen	[karuiajnen]

acácia (f)	akasia	[akasia]
bérberis (f)	happomarja	[happomarja]
jasmim (m)	jasmiini	[jasmi:ni]

junípero (m)	kataja	[kataja]
roseira (f)	ruusupensas	[ru:su·pensas]
roseira (f) brava	villiruusu	[uilli·ru:su]

144. Frutos. Bagas

fruta (f)	hedelmä	[hedelmæ]
frutas (f pl)	hedelmät	[hedelmæt]
maçã (f)	omena	[omena]
pera (f)	päärynä	[pæ:rynæ]
ameixa (f)	luumu	[lu:mu]

morango (m)	mansikka	[mansikka]
ginja (f)	hapankirsikka	[hapan·kirsikka]
cereja (f)	linnunkirsikka	[linnun·kirsikka]
uva (f)	viinirypäleet	[ui:ni·rypæle:t]

framboesa (f)	vadelma	[uadelma]
groselha (f) preta	mustaherukka	[musta·ɦerukka]
groselha (f) vermelha	punaherukka	[puna·ɦerukka]
groselha (f) espinhosa	karviainen	[karuiajnen]
oxicoco (m)	karpalo	[karpalo]

laranja (f)	appelsiini	[appelsi:ni]
tangerina (f)	mandariini	[mandari:ni]
ananás (m)	ananas	[ananas]

| banana (f) | banaani | [bana:ni] |
| tâmara (f) | taateli | [ta:teli] |

limão (m)	sitruuna	[sitru:na]
damasco (m)	aprikoosi	[apriko:si]
pêssego (m)	persikka	[persikka]

| kiwi (m) | kiivi | [ki:ui] |
| toranja (f) | greippi | [grejppi] |

baga (f)	marja	[marja]
bagas (f pl)	marjat	[marjat]
arando (m) vermelho	puolukka	[puolukka]
morango-silvestre (m)	ahomansikka	[aho·mansikka]
mirtilo (m)	mustikka	[mustikka]

145. Flores. Plantas

flor (f)	kukka	[kukka]
ramo (m) de flores	kukkakimppu	[kukka·kimppu]
rosa (f)	ruusu	[ruːsu]
tulipa (f)	tulppani	[tulppani]
cravo (m)	neilikka	[nejlikka]
gladíolo (m)	miekkalilja	[miekkalilja]
centáurea (f)	kaunokki	[kaunokki]
campânula (f)	kissankello	[kissan·kello]
dente-de-leão (m)	voikukka	[ʋoj·kukka]
camomila (f)	päivänkakkara	[pæjʋæn·kakkara]
aloé (m)	aaloe	[aːloe]
cato (m)	kaktus	[kaktus]
fícus (m)	fiikus	[fiːkus]
lírio (m)	lilja	[lilja]
gerânio (m)	kurjenpolvi	[kurjen·polʋi]
jacinto (m)	hyasintti	[hyasintti]
mimosa (f)	mimosa	[mimosa]
narciso (m)	narsissi	[narsissi]
capuchinha (f)	koristekrassi	[koriste·krassi]
orquídea (f)	orkidea	[orkidea]
peónia (f)	pioni	[pioni]
violeta (f)	orvokki	[orʋokki]
amor-perfeito (m)	keto-orvokki	[keto·orʋokki]
não-me-esqueças (m)	lemmikki	[lemmikki]
margarida (f)	kaunokainen	[kaunokajnen]
papoula (f)	unikko	[unikko]
cânhamo (m)	hamppu	[hamppu]
hortelã (f)	minttu	[minttu]
lírio-do-vale (m)	kielo	[kielo]
campânula-branca (f)	lumikello	[lumi·kello]
urtiga (f)	nokkonen	[nokkonen]
azeda (f)	suolaheinä	[suola·hejnæ]
nenúfar (m)	lumme	[lumme]
feto (m), samambaia (f)	saniainen	[saniajnen]
líquen (m)	jäkälä	[jækælæ]
estufa (f)	talvipuutarha	[talʋi·puːtarha]
relvado (m)	nurmikko	[nurmikko]
canteiro (m) de flores	kukkapenkki	[kukka·peŋkki]
planta (f)	kasvi	[kasʋi]
erva (f)	ruoho	[ruoho]
folha (f) de erva	heinänkorsi	[hejnæŋ·korsi]

folha (f)	lehti	[lehti]
pétala (f)	terälehti	[teræ·lehti]
talo (m)	varsi	[ʋarsi]
tubérculo (m)	mukula	[mukula]
broto, rebento (m)	itu	[itu]
espinho (m)	piikki	[piːkki]
florescer (vi)	kukkia	[kukkia]
murchar (vi)	kuihtua	[kujhtua]
cheiro (m)	tuoksu	[tuoksu]
cortar (flores)	leikata	[lejkata]
colher (uma flor)	repiä	[repiæ]

146. Cereais, grãos

grão (m)	vilja	[ʋilja]
cereais (plantas)	viljat	[ʋiljat]
espiga (f)	tähkä	[tæhkæ]
trigo (m)	vehnä	[ʋehnæ]
centeio (m)	ruis	[rujs]
aveia (f)	kaura	[kaura]
milho-miúdo (m)	hirssi	[hirssi]
cevada (f)	ohra	[ohra]
milho (m)	maissi	[majssi]
arroz (m)	riisi	[riːsi]
trigo-sarraceno (m)	tattari	[tattari]
ervilha (f)	herne	[herne]
feijão (m)	pavut	[paʋut]
soja (f)	soija	[soija]
lentilha (f)	linssi	[linssi]
fava (f)	pavut	[paʋut]

PAÍSES. NACIONALIDADES

147. Europa Ocidental

Europa (f)	Eurooppa	[euro:ppa]
União (f) Europeia	Euroopan unioni	[euro:pan unioni]
Áustria (f)	Itävalta	[itæʋalta]
Grã-Bretanha (f)	Iso-Britannia	[iso·britannia]
Inglaterra (f)	Englanti	[eŋlanti]
Bélgica (f)	Belgia	[belgia]
Alemanha (f)	Saksa	[saksa]
Países (m pl) Baixos	Alankomaat	[alaŋkoma:t]
Holanda (f)	Hollanti	[hollanti]
Grécia (f)	Kreikka	[krejkka]
Dinamarca (f)	Tanska	[tanska]
Irlanda (f)	Irlanti	[irlanti]
Islândia (f)	Islanti	[islanti]
Espanha (f)	Espanja	[espanja]
Itália (f)	Italia	[italia]
Chipre (m)	Kypros	[kypros]
Malta (f)	Malta	[malta]
Noruega (f)	Norja	[norja]
Portugal (m)	Portugali	[portugali]
Finlândia (f)	Suomi	[suomi]
França (f)	Ranska	[ranska]
Suécia (f)	Ruotsi	[ruotsi]
Suíça (f)	Sveitsi	[sʋejtsi]
Escócia (f)	Skotlanti	[skotlanti]
Vaticano (m)	Vatikaanivaltio	[ʋatika:ni·ʋaltio]
Liechtenstein (m)	Liechtenstein	[lihtenʃtajn]
Luxemburgo (m)	Luxemburg	[lyksemburg]
Mónaco (m)	Monaco	[monako]

148. Europa Central e de Leste

Albânia (f)	Albania	[albania]
Bulgária (f)	Bulgaria	[bulgaria]
Hungria (f)	Unkari	[uŋkari]
Letónia (f)	Latvia	[latʋia]
Lituânia (f)	Liettua	[liettua]
Polónia (f)	Puola	[puola]

Roménia (f)	Romania	[romania]
Sérvia (f)	Serbia	[serbia]
Eslováquia (f)	Slovakia	[slouakia]

Croácia (f)	Kroatia	[kroatia]
República (f) Checa	Tšekki	[tʃekki]
Estónia (f)	Viro	[uiro]

Bósnia e Herzegovina (f)	Bosnia ja Hertsegovina	[bosnia ja hertsegouina]
Macedónia (f)	Makedonia	[makedonia]
Eslovénia (f)	Slovenia	[slouenia]
Montenegro (m)	Montenegro	[monte·negro]

149. Países da ex-URSS

| Azerbaijão (m) | Azerbaidžan | [azerbajdʒan] |
| Arménia (f) | Armenia | [armeniæ] |

Bielorrússia (f)	Valko-Venäjä	[ualko·uenæjæ]
Geórgia (f)	Georgia	[georgia]
Cazaquistão (m)	Kazakstan	[kazakstan]
Quirguistão (m)	Kirgisia	[kirgisia]
Moldávia (f)	Moldova	[moldoua]

| Rússia (f) | Venäjä | [uenæjæ] |
| Ucrânia (f) | Ukraina | [ukrajna] |

Tajiquistão (m)	Tadžhikistan	[tadʒikistan]
Turquemenistão (m)	Turkmenistan	[turkmenistan]
Uzbequistão (f)	Uzbekistan	[uzbekistan]

150. Asia

Ásia (f)	Aasia	[aːsia]
Vietname (m)	Vietnam	[ujetnam]
Índia (f)	Intia	[intia]
Israel (m)	Israel	[israel]

China (f)	Kiina	[kiːna]
Líbano (m)	Libanon	[libanon]
Mongólia (f)	Mongolia	[moŋolia]

| Malásia (f) | Malesia | [malesia] |
| Paquistão (m) | Pakistan | [pakistan] |

Arábia (f) Saudita	Saudi-Arabia	[saudi·arabia]
Tailândia (f)	Thaimaa	[thajmaː]
Taiwan (m)	Taiwan	[tajuan]
Turquia (f)	Turkki	[turkki]
Japão (m)	Japani	[japani]
Afeganistão (m)	Afganistan	[afganistan]
Bangladesh (m)	Bangladesh	[baŋladeʃ]

Indonésia (f)	Indonesia	[indonesia]
Jordânia (f)	Jordania	[jordania]
Iraque (m)	Irak	[irak]
Irão (m)	Iran	[iran]
Camboja (f)	Kambodža	[kambodʒa]
Kuwait (m)	Kuwait	[kuʋajt]
Laos (m)	Laos	[laos]
Myanmar (m), Birmânia (f)	Myanmar	[myanmar]
Nepal (m)	Nepal	[nepal]
Emirados Árabes Unidos	Arabiemiirikuntien liitto	[arabi·emi:ri·kuntien li:tto]
Síria (f)	Syyria	[sy:ria]
Palestina (f)	Palestiinalaishallinto	[palesti:nalajs·hallinto]
Coreia do Sul (f)	Etelä-Korea	[etelæ·korea]
Coreia do Norte (f)	Pohjois-Korea	[pohjois·korea]

151. América do Norte

Estados Unidos da América	Yhdysvallat	[yhdys·ʋallat]
Canadá (m)	Kanada	[kanada]
México (m)	Meksiko	[meksiko]

152. América Central do Sul

Argentina (f)	Argentiina	[argenti:na]
Brasil (m)	Brasilia	[brasilia]
Colômbia (f)	Kolumbia	[kolumbia]
Cuba (f)	Kuuba	[ku:ba]
Chile (m)	Chile	[ʧile]
Bolívia (f)	Bolivia	[boliʋia]
Venezuela (f)	Venezuela	[ʋenezuela]
Paraguai (m)	Paraguay	[paraguaj]
Peru (m)	Peru	[peru]
Suriname (m)	Suriname	[suriname]
Uruguai (m)	Uruguay	[uruguaj]
Equador (m)	Ecuador	[ekuador]
Bahamas (f pl)	Bahama	[bahama]
Haiti (m)	Haiti	[haiti]
República (f) Dominicana	Dominikaaninen tasavalta	[dominika:ninen tasaʋalta]
Panamá (m)	Panama	[panama]
Jamaica (f)	Jamaika	[jamajka]

153. Africa

Egito (m)	**Egypti**	[egypti]
Marrocos	**Marokko**	[marokko]
Tunísia (f)	**Tunisia**	[tunisia]
Gana (f)	**Ghana**	[gana]
Zanzibar (m)	**Sansibar**	[sansibar]
Quénia (f)	**Kenia**	[kenia]
Líbia (f)	**Libya**	[libya]
Madagáscar (m)	**Madagaskar**	[madagaskar]
Namíbia (f)	**Namibia**	[namibiæ]
Senegal (m)	**Senegal**	[senegal]
Tanzânia (f)	**Tansania**	[tansania]
África do Sul (f)	**Etelä-Afrikka**	[etelæ·afrikka]

154. Austrália. Oceania

Austrália (f)	**Australia**	[australia]
Nova Zelândia (f)	**Uusi-Seelanti**	[uːsi·seːlanti]
Tasmânia (f)	**Tasmania**	[tasmania]
Polinésia Francesa (f)	**Ranskan Polynesia**	[ranskan polynesia]

155. Cidades

Amesterdão	**Amsterdam**	[amsterdam]
Ancara	**Ankara**	[aŋkara]
Atenas	**Ateena**	[ateːna]
Bagdade	**Bagdad**	[bagdad]
Banguecoque	**Bangkok**	[baŋkok]
Barcelona	**Barcelona**	[barselona]
Beirute	**Beirut**	[bejrut]
Berlim	**Berliini**	[berliːni]
Bombaim	**Mumbai**	[mumbaj]
Bona	**Bonn**	[bonn]
Bordéus	**Bordeaux**	[bordo]
Bratislava	**Bratislava**	[bratislaua]
Bruxelas	**Bryssel**	[bryssel]
Bucareste	**Bukarest**	[bukarest]
Budapeste	**Budapest**	[budapest]
Cairo	**Kairo**	[kajro]
Calcutá	**Kalkutta**	[kalkutta]
Chicago	**Chicago**	[tʃikago]
Cidade do México	**México**	[meksiko]
Copenhaga	**Kööpenhamina**	[køːpenhamina]
Dar es Salaam	**Dar es Salaam**	[dar es salaːm]

Deli	Delhi	[deli]
Dubai	Dubai	[dubaj]
Dublin, Dublim	Dublin	[dublin]
Düsseldorf	Düsseldorf	[dysseldorf]
Estocolmo	Tukholma	[tukholma]

Florença	Firenze	[firentse]
Frankfurt	Frankfurt	[fraŋkfurt]
Genebra	Geneve	[geneʋe]
Haia	Haag	[ha:g]
Hamburgo	Hampuri	[hampuri]
Hanói	Hanoi	[hanoj]
Havana	Havanna	[haʋanna]

Helsínquia	Helsinki	[helsiŋki]
Hiroshima	Hiroshima	[hiroʃima]
Hong Kong	Hongkong	[hoŋkoŋ]
Istambul	Istanbul	[istanbul]
Jerusalém	Jerusalem	[jerusalem]

Kiev	Kiova	[kioʋa]
Kuala Lumpur	Kuala Lumpur	[kuala lumpur]
Lisboa	Lissabon	[lissabon]
Londres	Lontoo	[lonto:]
Los Angeles	Los Angeles	[los aŋeles]
Lion	Lyon	[ljon]

Madrid	Madrid	[madrid]
Marselha	Marseille	[marsejlle]
Miami	Miami	[majami]
Montreal	Montreal	[montreal]
Moscovo	Moskova	[moskoʋa]
Munique	München	[mynhen]

Nairóbi	Nairobi	[najrobi]
Nápoles	Napoli	[napoli]
Nice	Nizza	[nitsa]
Nova York	New York	[nju jork]

Oslo	Oslo	[oslo]
Ottawa	Ottawa	[ottaʋa]
Paris	Pariisi	[pari:si]
Pequim	Peking	[pekiŋ]
Praga	Praha	[praɦa]

Rio de Janeiro	Rio de Janeiro	[rio de janejro]
Roma	Rooma	[ro:ma]
São Petersburgo	Pietari	[pietari]
Seul	Soul	[soul]
Singapura	Singapore	[siŋapore]
Sydney	Sydney	[sidnej]

Taipé	Taipei	[tajpej]
Tóquio	Tokio	[tokio]
Toronto	Toronto	[toronto]
Varsóvia	Varsova	[ʋarsoʋa]

Veneza	**Venetsia**	[ʋenetsiɑ]
Viena	**Wien**	[ʋien]
Washington	**Washington**	[ʋaʃiŋton]
Xangai	**Shanghai**	[ʃɑŋhɑj]

www.ingramcontent.com/pod-product-compliance
Lightning Source LLC
Chambersburg PA
CBHW070602050426
42450CB00011B/2956